土地整理规划设计
理论与实践研究

唐 杰 著

中国社会科学出版社

图书在版编目（CIP）数据

土地整理规划设计理论与实践研究/唐杰著. —北京：中国社会科学出版社，2019.10
ISBN 978-7-5203-5501-8

Ⅰ.①土⋯ Ⅱ.①唐⋯ Ⅲ.①土地整理—研究—中国 Ⅳ.①F321.1

中国版本图书馆 CIP 数据核字（2019）第 245713 号

出 版 人	赵剑英	
责任编辑	孙铁楠	
责任校对	邓晓春	
责任印制	张雪娇	

出　　版	中国社会科学出版社	
社　　址	北京鼓楼西大街甲 158 号	
邮　　编	100720	
网　　址	http://www.csspw.cn	
发 行 部	010-84083685	
门 市 部	010-84029450	
经　　销	新华书店及其他书店	
印刷装订	北京市十月印刷有限公司	
版　　次	2019 年 10 月第 1 版	
印　　次	2019 年 10 月第 1 次印刷	
开　　本	710×1000　1/16	
印　　张	15	
插　　页	2	
字　　数	222 千字	
定　　价	88.00 元	

凡购买中国社会科学出版社图书，如有质量问题请与本社营销中心联系调换
电话：010-84083683
版权所有　侵权必究

目 录

第一章　绪论 ……………………………………………（1）
　　第一节　土地整理的基本概念 …………………………（2）
　　第二节　土地整理的形成与分类 ………………………（11）
　　第三节　国内外土地整理的现状及相关政策 …………（18）

第二章　土地整理的理论基础与支撑技术 ………………（41）
　　第一节　土地整理的理论基础 …………………………（41）
　　第二节　土地整理的支撑技术 …………………………（47）

第三章　土地整理系统与模式 ……………………………（69）
　　第一节　土地整理系统与模式的内涵 …………………（69）
　　第二节　国内外土地整理模式分类方案 ………………（77）

第四章　土地整理项目的可行性研究 ……………………（90）
　　第一节　土地整理项目可行性研究的概念、
　　　　　　作用与程序 …………………………………（90）
　　第二节　土地整理项目可行性研究与项目评估
　　　　　　之间的关系 …………………………………（94）
　　第三节　土地整理项目区的选择与确定 ………………（100）

第五章　土地整理项目的规划 ……………………………（109）
　　第一节　土地整理项目规划概述 ………………………（109）

第二节　土地整理项目规划方案的编制 …………………（117）
　　第三节　土地整理项目规划图的编制 ……………………（149）

第六章　土地整理项目的设计 ……………………………（156）
　　第一节　土地整理项目设计的概念、原则与类型 ………（156）
　　第二节　土地整理项目设计的阶段与程序 ………………（158）
　　第三节　土地整理项目预算 ………………………………（164）

第七章　土地整理规划设计实践 …………………………（180）
　　第一节　土地平整工程设计 ………………………………（180）
　　第二节　标准田块设计 ……………………………………（188）
　　第三节　排灌电力工程设计 ………………………………（190）
　　第四节　道路工程设计 ……………………………………（204）

第八章　土地整理的评价 …………………………………（216）
　　第一节　土地整理评价的内涵 ……………………………（216）
　　第二节　土地整理评价指标体系的构建及其应用 ………（218）

参考文献 ……………………………………………………（233）

第一章 绪论

中国是一个人多地少的发展中国家。据统计,我国的耕地承载人口合理数量为8亿,最大理论承载量也只有15亿。根据2000年全国政协委员会人口资源环境委员会关于土地整理与可持续发展的专题调研报告,我国总耕地面积大,达19.51亿亩,而人均耕地面积却只有1.59亩,其中人均耕地面积不足1亩的约有7个省级地区,并且有400多个县的人均耕地面积不足0.5亩。[①] 此外,总体而言,我国耕地质量普遍不高,仅有约7.76亿亩耕地有灌溉设施和水源保证,占总面积的39.8%。而随着近年来人口的不断增长,在社会经济的发展需求下,建设用地规模不断加大,而加之各种水灾毁坏以及风沙侵蚀的影响,我国的耕地总面积不断减少,并且这一减少趋势在未来仍会持续相当长的一段时间。1996年,原国家土地管理局正式提出了耕地总量动态平衡的目标。而在此形势下,只有两个办法来维持耕地的占补平衡,也就是开垦宜农荒地和开展土地整理。我国目前大约有1亿多亩的宜农荒地资源,这些资源中70%以上都分布在东北三省、内蒙古、甘肃、宁夏和新疆等地。虽然在这些地区有较多的宜农荒地资源,但是相对于其他地区来说,这里的生态环境较为脆弱,稍有开发或利用不当就会遭到破坏,因此,为了保护地区的生态环境,不宜进行大规模的开发,需要将现有耕地退耕还林还草。所以,现今我们增加土地利用效率一个最好的措施且最重要的办法就是进行土地整

---

① 国土资源部耕地保护司、国土资源部土地整理中心编:《土地整理项目管理培训讲义》,2001年,第63—72页。

理。我国的土地利用普遍不合理，土地滥用、浪费的现象十分严重，而土地整理可有效挖掘耕地潜力，增加耕地面积，是解决当前土地利用问题的一个有效办法，因此，一直以来都受到了社会和人民的关注。1997年4月《中共中央、国务院关于进一步加强土地管理，切实保护耕地的通知》中明确指出："各地要大力总结和推广土地整理的经验，按照土地利用总体规划的要求，通过对田、水、路、林、村进行综合整治，搞好土地建设，提高耕地质量，增加有效耕地面积，改善农业生产条件和环境。"[1] 1999年1月1日正式颁布施行的新《中华人民共和国土地管理法》（以下简称《土地管理法》）将土地整理正式写进法律，主要是针对土地利用效率、有效耕地面积的提高和增加。

第一节 土地整理的基本概念

一 土地整理的概念和特点

整理，即为将无秩序变为有秩序。

1886年，巴伐利亚王国的法律中首次提到了"土地整理"（Ordnung von Grund）一词，在俄国、德国和荷兰等一些欧洲国家都可寻其踪迹，匈牙利和南斯拉夫等一些国家将其称之为土地调整，日本则称之为土地整备和土地整治。而在20世纪初，我国也开始出现"土地整理"一词。[2] 新中国成立初期，我国曾向苏联派遣留学生进行土地整理专业的学习，"土地整理"一词也由苏联引入国内并被学术界和教育界广泛使用，然而到了20世纪50年代末，"土地整理"一词渐渐被人们所淡忘，取而代之的是"土地规划"。[3]

人类在土地利用中不断建设土地和重新配置土地的过程称为土地整理，这是一项有益于国家社会、经济发展的基础性工作，每一个国

---

[1] 国土资源部耕地保护司、国土资源部土地整理中心编：《土地开发整理相关文件汇编》，中国大地出版社2001年版，第73—81页。
[2] 胡振琪：《土地整理概论》，中国农业出版社2007年版，第192页。
[3] 向军：《土地整理理论与实践》，地质出版社2003年版，第181页。

家都予以了充分的重视，同时也都在积极地推进这项工作的开展和实施。作为土地利用规划的一个重要手段，土地整理的内涵极为丰富，有着很强的外延性，而不同的时期、不同的国家，土地整理又有着不同的要求。

(一) 国外几种有代表性的土地整理概念

在德国，土地整理指的是按照规划要求进行的一项对土地的理顺和调整工作。德国在19世纪以及之前时期，其土地整理的内容主要是将零碎以及分散的农地集中起来，其目的是为了改善农业生产经营条件。20世纪30年代，德国在农田集中的基础上与国内的基础设施以及公共事业工作有效结合，进行了更为全面的土地整理。到了20世纪70年代，又新添了环境保护和景观保护工作，极大地体现了社会、经济与环境的协调统一。[①] 2001年以来，德国各州都进行了大规模的土地整理工作，包括为数较多的村庄革新，以及因水利、能源、交通等大型基础设施建设而进行的建设用地整理。巴伐利亚州的土地中，60%的土地经过了土地整理，18%的土地正在进行整理，20%的村庄正在进行革新。通过土地整理不仅有效改善了居住条件和生态景观，农业生产条件的改善也收到了很好的经济效益。

在俄国，界定土地占有与使用以及调整土地关系一直以来都是其土地调整的一个首要内容，而土地整理也总是被政府用来推翻和摧毁旧的土地制度，建立新的土地制度。

在荷兰，土地整理指的是通过土地所有权和土地用途的变更程序来实现规划目标的行为，它包含的内容较广，涉及土地规划、土地评估、土地获取、税收、土地占用、土地使用、土地登记、地籍管理等方面的内容，其中一个中心环节是土地所有权和用途的交换与变更。

(二) 我国土地整理的概念

就我国而言，现阶段土地整理主要指的是按照土地利用总体规划的要求，综合整治水、田、路、村、林，加强和做好土地建设工作，进一步提高耕地质量，扩大耕地面积，促进农业生产条件与生产环境

---

① 严金明、钟金发、池国仁：《土地整理》，经济管理出版社1998年版，第131页。

的有效提高和改善，农地整理是其工作的重中之重。从大的方面来说，土地整理主要包括农地整理以及建设用地整理两方面的内容，具体来说就是指从社会与经济发展需求出发，重新规划和调整土地的利用结构、利用方式以及利用关系，改善生态环境和土地利用条件，有效提高土地利用率以服务于土地集约利用的一种行为。总的来说，我国的土地整理以提高土地的利用率和产出率为目标。

（三）土地整理的特点

简单来说，土地整理就是对土地利用的重新组织，这是在特定发展时期根据特定目标以及土地的可持续利用，进行的对土地利用方式、强度与结构的调整和理顺工作。我国的土地整理主要有以下特点[①]：

1. 土地整理具有宏观和微观双重性

通过重新调整原有配置下的土地资源的土地利用结构（宏观配置层面），使得各要素也得到了重新组合（微观配置层面），有效促进土地资源配置效率的最优化。这种土地整理的宏观和微观的双重性，能够有效增加土地的有效使用面积，尤其是耕地的有效使用面积，提高了单位产出，对于社会、经济的发展来说是极为有益的。

2. 土地整理具有技术创新性

土地整理所具有的技术创新性，能够提高土地价值、土地产出以及产品的附加价值，满足社会经济发展以及人们的生活需求，并且在此基础上会有一定的经济剩余，它能对土地的再生产的保持和扩展起有效的支撑作用。

3. 土地整理具有生产力和生产关系二重性

土地整理涉及土地利用中人与人之间的关系的调整。土地调整必然会牵涉到各种关系的调整，这有利于协调土地生产关系与生产力，可以看作是一项综合性的土地利用改良工程。

4. 土地整理具有发展的动态性

随着社会经济的发展，其对于土地调整的要求也在不断变化和发

---

① 以下内容参见严金明、钟金发、池国仁《土地整理》，经济管理出版社1998年版，第120—137页。

展，同时，一些新的技术和措施也纷纷涌现。社会经济的发展提出了针对土地整理的有关新技术与新措施，而新技术与新措施的提出反过来也必将促进社会经济的发展，二者密不可分，相互关联，相互促进。不管是国内还是国外，土地整理的内容、目的与任务都是与时代和社会经济发展同步的，不同的发展阶段赋予土地整理不同的意义与内容。

5. 土地整理具有过程的一体性①

需要注意的是，土地整理必须要保证土地资源的永续利用，在提高生产能力和改善生活环境时始终不能忘记这一重要内容。要实现土地资源的永续利用，良好的生态环境是必不可少的。在对土地资源进行开发时，没有采取相关的土地保护和整理措施必将会对生态环境产生破坏，严重时可能会导致土地资源永续利用的基本特征丧失，这就失去了土地整理的真正意义和价值。所以，要统筹规划好土地整理这一重要工作，真正实现土地的开发、利用、整治与保护的有机统一，保持土地整理的一体性。

6. 土地整理具有效益的统一性

土地利用涉及自然、社会和经济三者之间的协调以及相互作用，这三者构成一个复合系统。一般来说，制约土地资源利用的主要因素就是自然因素，而土地整理最基本的就是要实现生态效益。而社会因素则是影响土地利用系统的主要因素，社会效益是土地整理的重要目的。因此，有效的土地整理是实现自然、社会和经济的协调统一，在满足社会经济发展需求的同时，维持生态平衡。

7. 土地整理具有外延的广义性

广义而言，土地整理包括了一切的有关生态景观建设和生产环境改善的手段和措施，也就是说只要是能够促进土地利用效益和生态环境提高和改善的土地环境建设都属于土地整理。比如村镇规划建设、城镇旧城区改造、农业园区建设等都属于土地整理。

---

① 国土资源部耕地保护司、国土资源部土地整理中心编：《土地开发整理相关文件汇编》，中国大地出版社2001年版，第28—35页。

二 土地开发的概念和特点

（一）土地开发的概念

土地开发从广义上来讲指因人类生产建设和生活不断发展的需要，采用一定的现代科学技术的经济手段，扩大对土地的有效利用范围或提高对土地的利用深度所进行的活动。包括对尚未利用的土地进行开垦和利用，以扩大土地利用范围，也包括对已利用的土地进行整治，以提高土地利用率和集约经营程度。从狭义的角度理解，土地开发主要是对未利用土地的开发利用，要实现耕地总量动态平衡，未利用土地开发是补充耕地的一种有效途径。按开发后土地用途来划分，土地开发可分为农用地开发和建设用地开发两种形式。其中，农用地开发包括耕地、林地、草地、养殖水面等的开发；建设用地开发指用于各类建筑物、构筑物用地的开发。

（二）土地开发的特点

土地开发一般具有以下几方面的特性：

1. 土地开发的过程是建立一种新的人工生态系统的过程

从生态学来看，土地开发是一个打破原有生态平衡，建立一个新的生态平衡的过程。初开发一个未利用土地，必然会经历一个由自然生态系统向人工生态系统的转变。所以，在土地开发的过程中，不能违背生态规律，要认清和遵循规律，促进生态系统的良性循环。这是由于人的力量在土地开发的这一过程中，产生的作用可能是积极的，也可能是消极的，而且人毕竟不能实现对自然完全掌控。在土地开发中，必须要清楚地认识到遵循生态环境的重要性，不能凌驾于规律之上，要避免原有生态系统的恶化，促进更新、更高层次的生态平衡的有效建立。

2. 土地开发的过程是一个经济活动的过程

从经济学方面来看，土地开发的前提是提高土地利用率、生产率，以及提高土地的经济效益，它与社会生产关系有着密不可分的重要联系。社会经济条件在一定程度上会影响土地开发，在不同的生产方式和经济水平之下，其开发程度和开发方式都会有所不同。就算是在同一个时期，且在同一种社会形态下，因为社会经济条件的差异，城市和农村的城市土地与农用土地开发在经营方式和组织形式上都会有所不同。在城市，由于商品化和社会化的高度发展，有时一个行业就可能影响到其建设用地的发展。在农村，其商品化和社会化的程度较低，土地开发和使用常融为一体。土地开发是一项经济活动，其经济意义在于提高土地生产率，而目的就在于是否能够获得相应的经济效益。土地开发过程中投入的资金、物力以及人力必须要获得相应或者是更大的效应，要能够创造出更好的生态和社会环境。

3. 土地开发具有经营性的特点

土地开发具有经营性的特点，尤其是对于城市而言，其经营性更甚。经营性就是指土地开发作为一个生产过程、实行专业化经营。土地开发可以通过获得开发权，从土地开发中取得利润。因此，土地开发的经营权和管理权、开发土地的开发权和使用权是可以分开的。土地使用者可以以产权代表的身份拥有或依法转让开发权。

三　土地复垦的概念和意义

（一）土地复垦的概念

土地复垦由英文"Reclamation"翻译而来，根据1988年国务院《土地复垦规定》的界定，土地复垦是对在生产建设过程中，由于压占、挖损和塌陷等原因被破坏的土地进行重新整治，以使其恢复为可利用土地的活动。通过复垦恢复后的土地的利用通常都会优先于耕地，最主要的是要遵循因地制宜的原则，可作为农业用地，工副业用地，有时还可以作游览、娱乐用地。[①]

土地复垦包括自然原因导致破坏的土地，也包括人为因素导致破坏的土地。在土地复垦过程中要遵循因地制宜的原则，最大程度上恢复土地的原可利用价值。

按各种造成废弃的原因，可将土地复垦大致分为五种：第一种是各类工矿企业在建设过程中因压占、挖损、塌陷等原因造成的破坏的

---

① 参见严金明、钟金发、池国仁《土地整理》，经济管理出版社1998年版。

土地的复垦；第二种是农村水利建设、砖瓦窑等取土造成废弃塘、坑、洼地发热废弃土地的复垦；第三种是因村庄搬迁、建筑物废止和道路改修等遗弃荒废土地的复垦；第四种是由于工业污染引起污染土地的复垦；第五种是由于地质灾害和水灾等自然原因引起的灾后土地复垦。

（二）土地复垦的意义

在我国，土地复垦意义深远，具体表现在以下几个方面：

（1）我国是人多地少的发展中国家，耕地不足严重制约了我国社会经济的健康发展，而土地复垦能够有效恢复我国的土地资源，有利于解决我国当前的人地矛盾。因此，我们要始终坚持和贯彻"切实保护耕地"的基本国策，复垦那些已经被破坏，但仍具有利用价值的土地，进一步扩大耕地，促进耕地总量的动态平衡。对此，我们可以采取生物或工程等手段恢复被破坏的土地，而经过精心复垦，废弃土地可以变成良田沃土，清水池塘，农地果林。曾经那些被遗弃的、废弃的土地，如今又有了新的活力和生机，这些全都是土地复垦所赋予的。

（2）土地复垦有利于生态环境保护，维持生态平衡，同时也能促进人民生活水平提高。因为各种人为或自然原因引起破坏的土地，它的原有景观环境会因破坏而发生相应的变化，而这种变化通常都是负面的，还会引发严重的生态环境危机。比如曾经肥沃的土地变成如今的沼泽；曾经的平原变成凹凸不平的塌陷地；等等。而土壤污染、土地沙漠化等各种随之而来的环境问题也着实令人头疼。土地破坏所带来的影响是负面的、消极的，会给人们生活带来严重的困扰，而我们只有通过复垦工程，积极采取应对措施，才能尽可能使被破坏的土地变成原来的样貌，恢复活力和生机。

（3）土地复垦有利于解决工农矛盾和就业问题，同时还有利于维护社会稳定团结。土地破坏所带来的一个直接影响就是耕地减少，而工农业生产也会由此受到严重的影响，进而就会引发一系列的工农用地矛盾和工农纠纷。根据相关资料统计，城市中造成工农矛盾的原因 80% 都是由于土地纠纷。此外，土地破坏会导致许多农民失去生活来源，增加就业压力，而由此产生的一个后果就是社会的不稳定隐患增多，严重影响社会稳定。所以，为了能够避免和解决这些矛盾和问题，就要坚决实行土地复垦，农民们只要都有田所依，才能够有效缓解工农矛盾、减轻就业压力，维持社会稳定发展。

（4）土地复垦有利于促进区域和矿业的可持续发展。现今，社会经济不断发展，人们生活水平日益提高，而与此同时人们也越来越重视环境保护问题。1992年联合国在世界环境与发展大会上颁布了《21世纪议程》，之后世界各国纷纷开始着手解决环境保护问题，制定了符合国家发展的可持续发展道路的纲领和战略措施，各种环境保护法规逐渐建立和完善。采矿业对环境有着显著的影响，由此会受到诸多限制。在一些国家，他们明令禁止高硫煤的开采，有的国家则颁布了非常严格的土地复垦法规。所以，为了采矿业的持续稳定、健康发展，为了同时实现矿藏资源的开发和土地环境的保护，就必须要严格实行土地复垦工程。

四　土地整理、土地开发与土地复垦

20世纪八九十年代，人们为了实现社会经济的更高、更远发展，为了追求眼前的经济利益，开始随意、滥用耕地，而制止和规范这一种行为的声音也越来越多，由此在学术界以及各种行政条文中开始频繁出现土地开发、土地复垦、开垦、土地整治等词。《中华人民共和国土地管理法》第三十一条中明确提出了"占多少，垦多少"原则，用地单位要负责开垦与所占耕地质量与数量相当的耕地，或者缴纳耕地开垦费。[①] 第三十八条明确表示单位以及个人在不破坏生态环境、改善和防止环境问题的情况下对未利用的土地进行开发利用。第四十二条中指出，用地单位以及个人应当按照国家有关规定对因其压占、挖损、塌陷等原因造成破坏的土地进行复垦。《中华人民共和国农业法》第五十五条明确表示县级以上各级人民政府应当采取措施，加强

---

① 国土资源部耕地保护司、国土资源部土地整理中心编：《土地开发整理相关文件汇编》，中国大地出版社2001年版。

对荒山、荒地、荒滩的开发与治理。①

在相关文件中单独提到土地整理,但并没有对土地的开发和土地复垦进行明确划分,提到的都是"土地开发整理"和"土地开发整理复垦"等,如《关于设立土地开发整理示范区的通知》(国土资发〔1999〕50号)、《关于进一步加强土地开发整理管理工作的通知》(国土资发〔1998〕166号)等②,"土地开发整理"一词已经成为官方的认定词语。

以下表述土地整理、土地开发与土地复垦三者之间的关系:

(1) 从现阶段土地整理、土地开发与土地复垦的含义看,三者为并列关系。土地整理、土地开发与土地复垦三者针对的对象并不相同。土地整理针对的是已利用土地的不合理现象,针对这些不合理现象进行整修和布置,挖掘土地利用价值,提高土地利用率;土地开发针对的是未开发利用而具有利用价值和潜能的土地资源,提高土地利用率;土地复垦针对的是已利用的土地由于人为和自然原因造成的破坏,针对被破坏的土地采取相应措施,使之恢复利用价值。

(2) 从土地整理、土地开发与土地复垦对生态环境的扰动程度来看,土地开发对生态环境的扰动最大,是破坏旧的生态系统,建立新的生态系统;土地复垦对生态环境的扰动较小,周围宏观环境已经形成,土地复垦只是破坏和重新布置其生态环境;土地整理对生态环境的扰动最小,它是根据周围的环境对土地整理区内的土地利用结构进行调整。

(3) 从土地整理、土地开发与土地复垦各自追求的结果来看,三者有着相同的目的。都是为了提高土地质量和土地利用率,扩大耕地面积,维持耕地总量的动态平衡,促进社会、经济与生态效益的协调统一。

(4) 根据国家有关政策以及发展趋势来看,土地复垦与土地开发

---

① 国土资源部耕地保护司、国土资源部土地整理中心编:《土地整理项目管理培训讲义》,2001年,第37页。
② 同上书,第39页。

应包含在土地整理内。土地整理从广义上来说是重新规划和调整土地利用方式、利用结构以及利用关系,是对不管是未利用还是已利用的各土地进行的修整,所以,土地整理包括土地开发、土地复垦以及狭义的土地整理。

第二节 土地整理的形成与分类

一 土地整理的形成

(一)国外典型土地整理的形成

1. 德国土地整理的形成[①]

德国有着悠久的土地整理历史,其在13世纪就实行了相关的土地整理。在最开始只是实行了局部的土地整理,如改造河流等;到16世纪增加了新的内容,如迁移农庄和合并农田等。在1886年,德国制定了首部土地整理法,调整田间道路和合并分散的田块。从总体上而言,在20世纪以前德国的土地整理工作主要是将小块合并成大块,实现农业生产经营条件的提高和改善。

为了保证农业生产用地和提供建筑用地,1918年德国颁布了农地整理法。从20世纪30年代开始,国家诸项事业和工程等都需要通过土地整理来完成,比如高速公路开辟以及公共事业的发展。1937年,德国制定统一的土地整理法。1949年德意志联邦共和国成立,于1953年7月14日颁布首部《土地整理法》。之后,土地整理的内容和目标也随着时代和历史的发展而不断发展变化。在1972年增加了自然保护、景观保护和村镇改造等内容。土地整理不再只是为了提高农业产量,而更是为了实现经济效益、社会效益与环境效益的协调统一。

从其发展历史我们可以看出,德国的土地整理的内容日益丰富,

---

① 该部分参见 R S. De Groot, M. A. Wilsona and R. M. J. Boumans, "A TypologY for The Classifieation, Description, and Valuation of Ecosystem Functions, Coods and Services", *Ecological Economics*, 41, 2002。

规模也是日益扩大，技术手段和措施也由单一发展成为融景观、生态等为一体的综合技术学科体系，为人们营造了更加舒适的生存环境。

2. 俄罗斯土地整理的形成①

俄罗斯的土地整理工作有着明显的延续性，俄罗斯的土地整理也是延续于此，至今已经发展成为了非常完善和系统的土地整理体系。

俄罗斯的土地整理措施从15世纪开始制定和实行。莫斯科王国时代（15世纪到17世纪），为划清个别领地界限，国家进行了土地调查或土地丈量，根据职位在"官家人"之间分配土地，由此，贵族不仅强占了土地，还强占了农民本身；1765年，为了进一步固定贵族强占的土地，明确贵族领地界限，国家开始了全国土地资源调查与划界；1789年，建立了全国第一所土地整理大学（现在的俄罗斯国立莫斯科土地管理大学），为国家培养了一大批的土地整理人才，适应了当时土地整理工作的需要；19世纪上半叶，为了实现地主经济的集约化以及促进土地"周转"的发展，国家实行了土地特别丈量，对原来由许多领主共有的"土地大丈量所确定的公地"进行分配；在1861年改革的基础上实行的土地整理，掠夺了农民土地，地主从中获取大量利益，它划清了农民和地主土地界限，优质土地全都割给了地主；1905年革命以后，为了瓦解农民村社土地占有制实行了斯托雷平土地整理，通过在农村树立大小田庄的办法使农民村社占有制变为资产阶级的个体占有制。

在苏维埃政权时期，每个阶段的土地整理的内容都是由党和政府对农业和整个国家所提出的政治和经济任务所决定。在1917—1920年间，土地整理主要是把没收来的寺庙、官僚以及地主的土地转交农民使用，将土地拨给社会主义农业企业用地，在拨给时进行考核，合理利用地主田庄上原有的贵重林木和建筑物等。在1921—1927年间，为消除土地遥远和地块分散现象，针对面积较大的土地开展土地整

---

① 该部分参见 R. S. De Groot, M. A Wilson and R. M. J. Boumans, "A TypologY for The Classifieation, Description, and Valuation of Ecosystem Functions, Coods and Services", *Ecological Economics*, 41, 2002。

理，同时也为苏维埃农庄和集体农庄拨出了土地，固定了地界，实行了农庄内部的土地整理。社会主义农业企业内部土地组织的内容主要是为了组织大田耕作，将耕地面积更进一步地加以确定下来；将此耕地面积分为若干田亩；划定牧场草场，铺设道路。1932年，苏联基本完成了重要农业区的集体化。1932—1937年间，广泛开展苏维埃农庄土地整理工作。

1946—1950年间，为了施行正确的草田轮栽制，土地整理的任务为进行农用土地的组织工作。针对在欧洲部分的草原区和森林草原区的斯大林改造自然计划，国家进行了大范围的土地整理工作。随后，进行了大量合并小集体农庄的土地整理工作，发放国家无限期（永久）土地使用证的工作，消灭地块穿插和参差不齐等土地使用上的缺点。合并起来的集体农庄还要进行内部的土地整理。小集体农庄的合并有利于开拓沼泽地、放牧场和灌林等生产力低的土地，提高土地利用率。

从其发展历史来看，俄罗斯的土地整理的内容在不断发展变化，逐渐发展成为多面的深奥的科学，而随着社会经济的发展，也将被赋予新的特征，成为合理组织土地——生活资料——的综合化更多面的措施。

（二）我国土地整理的形成

我国早期的土地整理可以追溯到公元前1066年西周时期的井田制度。战国时期秦孝公鼓励开发土地，实行商鞅变法，"废井田，开阡陌，任其所耕，不限多少"。土地开发的理论得到发展。《荀子·王制》提到土地考察、土地开发、土地利用和土地治理的要求及相关原则。在西汉政权建立后，刘邦强调"方今之务在于力农"，向农民开放禁地与山泽禁苑，减免农民田租，鼓励农民开发耕地。汉文帝曾经造就了我国历史上的土地大开发，通过屯田戍边，秦汉时其人口总量比战国时期人口增加了两倍，而耕地增长四倍，人均耕地更是达968亩。唐朝的贞观、开元时期，全国军垦屯田500多万亩。及至宋、元，土地开发已经呈现出了"田尽而地，地尽而山"的迅速增长态势，连山区也被列出开发范围，建造梯田。明初，战乱导致了大量土地荒废，国内呈现出农业萧条之色，明太祖为了鼓励流亡农民回归故里耕垦荒田，发展农业，特批"垦成熟者，听为己业""免徭役三年"等规定。同时还实行移民垦荒政策，并令边境军士实行屯田。到了明洪武年间，全国耕地面积达7亿亩，人均耕地面积127亩。及至清末，耕地面积已经增长至13亿亩。到了民国时期，土地整理已经初具形态，国内有相关资料的编纂，如《土地整理章程》《变更地籍整理章程》和《县行政区域整理办法大纲》等。就算是在战事不断，政府腐败不堪的情况下，土地开发也一直呈现出良好的发展态势。[①]

综上所述，中国有着悠久的土地整理发展历史，可以说是土地整理的发祥地。而由于后来的产业结构的急剧变化，以及对土地整理的研究的滞后，才导致了后期的土地整理推行步伐减慢。直到新中国成立以后，土地整理才真正成为一门专业的学科和一项技术工作。

新中国成立后不久，国家按照苏联的经验和模式实行了土地整理的"试点"工作。主要是对水旱地之间、用地单位之间的"飞地""插花"进行了一些调整，使其集中管理；调整和兴建渠道系统和道路网，着重改善和提高土地利用的环境条件；对农、林、牧用地进行合理的安排和调整，有效增加种植面积；实行农民土地所有的土地所有制，激发了农民开荒造田的积极性，大大促进了农业发展。在毛泽东"屯垦戍边"口号下，一批批的解放军官兵远赴荒原戈壁、沙漠沼泽进行造农田、修水利工作，使戈壁荒滩不再荒凉、荒废，"北大荒"变成了"米粮仓"。在1949—1957年这8年间，我国耕地面积呈现逐年增长之势，总共增加约2.09亿亩，年均净增2600多万亩，是我国历史上耕地增加的最高水平。1958年开展的人民公社土地整理工作，通过整理道路和沟渠、兴建新村、平整土地、合并田块等一系列举措，来提高农作物的单产和总产。到了1958年以后，由于各种城市、交通、工矿等基本建设的投入和加大，耕地被大量占用，全国耕地面积显著下降。而随着人口的增加，耕地的占用和滥用，使人地

---

① 参见高向军《土地整理理论与实践》，地质出版社2003年版，第47—51页。

矛盾不断加剧。20世纪70年代，国家更加重视农业的发展，农田基本建设作为土地整理的主要内容在全国得到推广施行，其主要是通过平整土地、合并田块、兴建新村、整理沟渠和道路来组织土地利用。[1] 20世纪80年代，土地利用方式和土地利用结构发生了翻天覆地的变化，土地整理的主线变为兴办乡镇企业和推行农村联产承包责任制；20世纪90年代，我国经济取得了突破性发展，与此同时耕地也在急剧减少，土地整理开始转到以编制土地利用总体规划来大力挖掘土地利用潜力，提高耕地质量、增加耕地面积的主方向，同时通过土地整理来实现生产和生活环境改善。在1998年8月29日修订通过的《中华人民共和国土地管理法》中，第四十一条对土地整理做了明确的规定："国家鼓励土地整理。县、乡（镇）人民政府应该组织农村集体经济组织，按照土地利用总体规划，对田、水、路、林、村综合整治，提高耕地质量，增加有效耕地面积，改善农业生产条件和生态环境。"[2] 它将土地整理作为了保护耕地的一个主要措施，这也是我国首次将土地整理纳入法律之中。

　　土地整理的初衷不管是过去、现在，国内还是国外，始终都是为了解决农业生产中的土地利用问题，改善农业用地生产条件，提高农用土地的利用率和产出率。随着经济的发展，对于土地资源的利用一定会经历一个由单一的管理向综合的开发利用的转化，土地整理的内容和目标也会随着时代的发展而发展，在社会和经济发展中的作用也会也越来越重要。

二　土地整理的分类

根据土地整理后的主导用途，可将土地整理分为农用地整理和建设用地整理。

（一）农用地整理

我国土地整理的核心内容就是农用地整理。农业生产是社会经济

---

[1] 参见高向军《土地整理理论与实践》，地质出版社2003年版，第52—55页。
[2] 国土资源部耕地保护司、国土资源部土地整理中心编：《土地开发整理相关文件汇编》，中国大地出版社2001年版，第69—71页。

发展的基础，解决农业生产中遇到的土地利用问题是土地整理的发端和核心内容。以下表述农地整理的主要任务[①]：

1. 增加耕地面积，提高土地利用率

采用多种手段和措施对具有农地利用潜力的土地进行修整、利用，增加耕地面积以弥补建设用地所占耕地，促进耕地总量动态平衡。这其中的主要任务包括复垦废弃土地、开发未利用土地、归并零散地块以及农村居民点等等。

2. 调整土地关系，使土地关系适应土地

重新组织和调整土地利用中产生的人与人及人与地的关系以适应生产力提高的需要，主要是整理后土地权属调整。

3. 扩大综合生产能力，提高土地产出率

调整土地利用方式和土地利用的强度，进一步改善土地的生态环境条件和生产条件，促进土地再生产能力的有效提高。

4. 提高全社会的现代化水平

土地整理是按照现代化的要求进行的资源再配置，而土地整理又反过来为现代化建设提供土地资源空间，促进全社会现代化水平的提高。

5. 实现土地资源的景观功能

土地整理不仅要考虑经济效益，还要考虑社会效益和生态效益。在物质文明和精神文明的发展态势下，农地整理实现土地资源的景观功能是必然的，具有明显的社会效益和生态效益。根据整理后的主导用途，可将农业用地整理分为耕地整理、林地整理、园地整理、养殖水面用地整理和牧草地整理等。

（1）耕地整理。即对农田进行整理，其主要工程内容包括农田水利工程、土地平整工程、田间道路工程等等。

（2）林地整理。主要包括对用材林、防护林、经济林、薪炭林等的整理。

---

① 参见国土资源部耕地保护司、国土资源部土地整理中心编《土地开发整理相关文件汇编》，中国大地出版社 2001 年版，第 62—69 页。

(3) 园地整理。园地整理主要指果园、桑园、橡胶园和其他经济园林用地整理。

(4) 养殖水面用地整理。即指人工水产养殖用地整理。

(5) 牧草地整理。主要包括割草地整理和放牧地整理。

(二) 建设用地整理

作为土地整理的一个重要部分，建设用地整理日益显示出它的重要性。建设用地整理是对土地利用方式、土地利用强度和土地归属权的理顺和调整，以使土地利用更为充分、合理和有序。

我国城镇土地利用现状从计划经济体制过渡而来，具有许多明显弊端，如城镇中土地占而不用、多占少用等。进入改革开放时期后，我国在这方面已经有了极大的改善，但是由于历史性原因以及土地本身的特点，这些问题并没有得到根除，仍有残留。据有关分析和测算，我国建制镇约有60%的容纳力，而城市建成区也至少有40%的容纳能力。同时，由于不准土地流转，没有地价和地租，城镇规划和土地配置久久得不到优化发展。此外，现今我国的城镇各类用地的结构比例严重失衡，主要表现为工业用地普遍较高。我国一些小城镇的住宅用地不足30%，而工业用地却达32%以上，而在工业化高度发展的日本，其城市用地中住宅、工业和其他用地的比例依次是76%、13%和11%。[①] 此外，一些新的问题和矛盾也不断显现出来，比如开发区土地的浪费和闲置等。因此，在这一新的历史时期，城镇土地整理是适应时代发展的必然要求，是解决上述各种问题和矛盾的主要办法和重要举措，对于促进国民经济可持续发展具有重要的意义。

旧城改造可以有效提高土地利用率，还可以改善人们的生活环境和生活条件，促进企业经营机制的转换，更重要的是能够提高城镇质量，不断提高城镇的吸纳能力，有利于城镇的社会经济的持续稳定增长。

建设用地的主要目的是提高土地的集约利用，是通过一定的措施

[①] 高旺盛：《中国农业区域协调发展战略》，中国农业大学出版社2004年版，第79—81页。

和手段综合整治利用率不高的建设用地。其中主要包括城镇用地、村镇用地、基础设施用地和独立工矿用地等等。

（1）城镇用地整理。即对城镇建成区的存量土地的挖潜利用、用途整理、旧城改造以及零星闲散地的利用。

（2）村镇用地整理。主要包括就地改扩建、村镇的撤并和撤迁。

（3）基础设施用地整理。主要包括电网、河道、铁路、公路、农村道路、排灌渠道的疏挖、改线、裁弯取直和堤坝的调整、厂站的配置、少量废弃的沟渠、路基的恢复利用。

（4）独立工矿用地整理。包括现场作业的工矿企业和相配套的小型居住区用地的布局调整、就地开采、用地范围的确定和发展用地选择。

第三节　国内外土地整理的现状及相关政策

一　国外土地整理的现状及相关政策

（一）德国土地整理的现状及相关政策[①]

德国土地整理的目标随着时代的发展而不断提高，内容也随之不断增加和完善。其发展历史大致可分为以下几个阶段：

（1）中世纪至1890年，土地整理是为了改善农业生产经营条件，主要内容是小块并大块。

（2）20世纪初，主要是通过土地整理来为公共建设事业的发展和高速公路的开筑准备土地，使被大型工程建设打乱了的地块规则化。

（3）20世纪70年代，在之前的基础上又新添景观和自然保护内容。土地调整的主要目的不再只是提高农业产量，而是力求实现经济效益、社会效益和生态效益的协调统一。

由此可见，德国的土地整理随着时代的发展而不断发展，内容不

---

① 该部分相关数据参见 Rafael Crecente, Carlos Alvarez, "Urbano Fra. Economic Social and Environmental Impact of Land Consolidation in Galicia", *Land Use Policy*, No. 19, 2002。

断增加,规模也不断扩大。

近年来,德国的各个州郡纷纷开始进行大规模的土地整理工作,主要有比较常见的村庄改造,还有各种因交通、水利和能源等大型建设项目而进行的建设用地的整理工作以及葡萄园的调整等,其土地整理的效果明显,但其中财力、人力和物力的投入也是相当大的。巴伐利亚州全州有18%的土地正在进行整理,而60%的土地已经完成了土地整理,另有20%的村庄正在进行改造。1987年在土地整理工作中,他们所投入的资金约占农业投资的7%,达3.96亿马克。土地调整耗资惊人,但其积极影响也是深远而持久的,不仅极大地改善了景观以及居住地的环境和条件,还进一步促进了农业生产经营条件的改善,收获了更高的经济效益。比如,安斯巴赫地区完成土地调整后,机械耕作的效率提高了34%,机械的修理费用也减少了12%。

1976年联邦德国对1953年的《土地整理法》进行了修改并重新颁布。《土地整理法》是各州土地整理的法律基础,各州都有不同形式的土地整理的具体法规。

此外,各州也依法制定了各州的土地整理有关的法律规定。比如巴伐利亚州1980年10月经州议会通过了《农村发展纲要》(修改案),在其中提出了对土地整理改变农村样貌的新要求:

(1) 加强州的生活基础设施和农业生产条件建设。

(2) 土地整理和村庄改造的主要目标是:保持良好的自然环境;保持农林业用地;重视和加强农村继续发展;居民和产业主积极参与。

(3) 土地整理和村庄改造的基本规定(要求):

①加强自然景观保护。

②保护农林业发展;改善村内交通条件,修建路网;改善土地环境;改善农业体的经营条件;发展啤酒花、葡萄等特殊农业;传统的农业经营方式不发生改变,如不施化肥和农药。

③农村乡镇的发展。

④居民和产业主要积极参与到土地整理工作中去,加强民生;同

社会团体、地方协会和政府加强联系；维护合作股份公司的利益。

（4）在整理实施过程中：

①选择正确的实施方法。

②协调好整理区各行业规划。

③节约土地。

④整理后要对产业进行保险。

⑤要保障对地方的援助和补贴。

这些针对土地管理制定的法律法规是其施行土地整理工作的指导思想和顺利开展工作的有力依据和保障。

（二）俄罗斯的土地整理及相关政策①

事实上，俄罗斯在土地关系的调整和土地利用的组织中就已经开始采用土地整理，只是"土地整理"一词到了19世纪后半叶才开始正式使用。苏联解体后，俄罗斯土地制度改革开始进行。1996年3月7日颁布"关于实现宪法所规定的公民对土地的权益"的总统令，其中重点强调土地整理工作，目的是为了加速实行多种土地所有制和土地流动。

以下为俄罗斯土地整理的主要内容：

（1）分析地区经济、生态、城市建设及其特点并进行预测，编制土地整理方案和联邦、地方土地资源利用保护纲要。

（2）编制新设计图，消除土地配置缺陷，整理权属单位界线，确定地界，现场划界，调拨土地，准备确权文据。

（3）编制单位内土地整理设计书。

（4）进行复垦破坏土地及防治滑坡、沼泽化、土壤干旱、水土流失、硬结、盐碱化、泥石流、三废、放射性物质、化学污染的施工设计。

（5）特殊保护地配置和定界的论证。

（6）开发新用地、改良农用地，提高土地质量。

---

① 该部分数据参见 Andre Sorensen, "Conflict, Consensus or Consent: Implications of Japanese land readjustment Practice for Developing Countries", *Habitat International*, No. 24, 2000。

(7) 在实地划定农村和城镇居民点界线。

(8) 进行地形测量、绘制工作，进行土壤、地表植物、农业化学、历史文化和其他勘测、考察工作。

(9) 制定发展和保存少数民族历史上形成的经营活动以及极北地区的资源评价、土地利用和保护的土地整理文件。

(10) 进行全国土地的清产登记，查清未按用途使用、未合理使用以及未使用的土地。

(11) 进行土地评价工作。

进行这些土地整理活动是为了：

(1) 促进各种经营形式、各种所有制和国民经济部门的合理组织利用。

(2) 促进土地改革得以顺利进行，建立新的土地关系，为不同土地经营形式建立平等的发展条件。

(3) 在规定的内容内进行土地的使用，并保护高产土地。

(4) 使土地的使用单位的设计和配置有经济和生态依据，外形规整且面积适中。

(5) 促进农业和各部门生产的合理进行。

(6) 采用措施和手段进行新土地的开发，改善和提高农业用地和土壤质量，保护土地，保护自然景观。

(7) 在国家统一系统中划定（恢复）在外业（实地）固定（标定）行政和权属单位界线。

俄罗斯的土地整理工作根据国家政权执行机关和地方自治机关决议，联邦、联邦主体、区和市的土地资源与土地整理委员会建议，或涉及其利益的土地使用者、所有者和有权取得土地的公民和法人的申请进行。土地整理的国家管理职责联邦、联邦主体、行政区、市的土地资源与土地整理委员会负责。

土地整理文据的编制由俄罗斯联邦土地资源与土地整理委员会所属土地整理企业和组织以及按照法定程序取得资格的其他土地整理企业和个人负责进行。没有取得资格的个人或企业所进行的土地整理工作是不被允许且不被认可的。土地整理的编制人应当对其制定的措施的生态安全以及方案质量负责。

土地整理的参加人包括：位于土地整理区的土地使用者及土地所有者；土地整理文据的编制人员；在整理区或与土地整理区相邻的土地的使用者和所有者；国家政权和管理组织，相应级别的土地资源与土地整理委员会和根据其职权参与土地整理的地方自治机构；没有土地，但在土地整理中会涉及他们利益的企业、机关、组织及其他法人。

在进行土地整理的过程中，要保证整个工作进行的公开性以及切实保护参加者的权益，要及时将土地整理工作的相关内容、形式和效果通报给涉及其利益的法人和个人。土地整理文据的编制、协调和审批过程中，要注意听取群众意见。当涉及大多数居民利益时，要通过公众媒体向社会进行通报。

土地整理文据编制的程序和技术条件，如何与有关的国家和社会组织、机关协调，它的形成和颁发等，都以联邦政府通过的调整土地整理活动的条例及土地资源与土地整理委员会制定的条例、细则、技术规程为依据。

国家政权以及地方自治机关可建立共和国、边区、州、区、市、村的公众土地整理委员会，以为土地整理的工作的资金问题、组织、进行提出解决方案，以及协助解决问题。其公众土地整理委员会的成员主要包括利益相关的各级机关、企业和组织负责人，其中领导人包括土地资源与土地整理委员会的工作人员。公众土地整理委员还会对整理措施以及整理进程进行监督，提供咨询并给予技术支持，查明其修改通过的土地整理文献的必要性，并就此提出相关建议。

合同是调整土地整理参加人员关系的法律文据。土地整理的订户可按规定对土地整理设计勘测工作的合同进行签订和解除，并对土地整理的工作进程以及完成质量进行监督，参与协调，实现整理。

联邦预算、联邦主体预算及订户是土地整理的经费的来源：

（1）联邦负责列支列入联邦和区域纲要及联邦所属土地的设计勘测工作的预算。

（2）根据国家政权执行机构、管理机构及地方自治机构协议所进行的设计勘测工作由各级预算中土地有偿使用收入以及国家对农业生产损失补偿费支付。

(3) 订户负责其要求进行的用地整理、现场划界、农用地改良及防治泥石流、淹浸、盐碱化、滑坡及其他土地整理工作的费用支出。

二 国内土地整理的现状及相关政策

(一) 推动土地整治高质量发展，更好地服务于供给侧结构性改革

党的十九大报告提出坚持农业农村优先发展，实施乡村振兴战略。2017年底召开的中央农村工作会议明确了实施乡村振兴战略的目标任务。面对新时代新要求，2017年以来，原国土资源部曹卫星副部长在调研及全国耕地保护工作会议讲话中多次指出土地整治要以走好乡村振兴"先手棋"为目标，立足多目标多功能定位，找准"土地整治+"实施路径，从注重耕地"提质增量"为主，实现向土地综合整治的提档升级，搭建起效率高、质量优的土地利用平台，发挥土地政策在要素市场化配置、聚合社会资本、吸引产业落地、促进生态治理等方面的作用，实施全域统筹和综合整治，做到与现代农业、脱贫攻坚、生态建设和城乡融合发展等的有机结合，彰显土地整治"1+N"的综合效应。

原国土资源部部长姜大明在2018年全国国土资源工作会议上指出，实施乡村振兴战略，用好土地是基础，增加投入是关键。土地综合整治作为国土资源部门工作的一大特色和亮点，在统筹落实乡村振兴"人、地、钱"关系，解决农村发展不平衡不充分问题上发挥着重要的桥梁和纽带作用。当前，广大农村地区特别是城乡结合区域，普遍存在农村建设用地散乱粗放、耕地等农用地碎片无序、历史遗留工矿废弃地大量存在、生态环境亟待修复等问题，严重制约了农业农村发展。通过实施土地综合整治，将市场运作与政府扶持、政策引导有机结合，激活主体、激活要素、激活市场，既能为城市发展提供要素保障，又能为乡村振兴注入活力，是新时期推动绿色、集约、高效利用土地，统筹农村生产、生活和生态空间，促进城乡融合发展的必

然选择，可为推进乡村振兴战略、实现农业农村现代化提供有力的资源保障。

2017年以来，国土资源部门按照党中央、国务院的决策部署，坚持最严格耕地保护制度和最严格节约集约用地制度，实施藏粮于地和节约优先战略，建立健全协调推进机制，设立土地整治工作专项，大力推进土地整治和高标准农田建设工作。各地在党委、政府的统一领导下，积极践行"土地整治+"理念，不断创新模式和机制，探索开展区域性土地综合整治，将农用地整理、建设用地整治、历史遗留矿山废弃地复垦等有机结合起来，涌现出一批可总结、立得住、叫得响的典型经验做法，在改善群众生产生活条件、落实"藏粮于地"战略、助推扶贫攻坚、促进生态文明建设、实现城乡融合发展等方面发挥了积极作用，为原国土资源部开展相关制度设计和政策研究，在更大范围整体推进土地综合整治示范区建设创造了良好条件。

浙江省杭州市西湖区针对农村地区存在的耕地保护碎片化、村庄用地无序化、农村发展低小散等问题，将土地综合整治作为乡村振兴的主平台，积极整合各方力量，推动规划创新、管理创新、机制创新，打通阻碍城乡各类要素有序流动的壁垒，形成多方集聚的"土地整治+"生态圈。在具体实施中，他们建立土地综合整治多规融合、资金筹集、利益分配的运作机制，按照"总量严格控制、布局相对稳定、局部规范调整"要求，在建设用地总量不增加，耕地特别是永久基本农田数量不减少、质量不降低、生态有改善的前提下，通过开展"土地整治+都市现代农业""土地整治+美丽乡村建设""土地整治+城乡融合发展""土地整治+都市现代农业""土地整治+美丽乡村建设""土地整治+城乡融合发展""土地整治+生态空间修复""土地整治+高标准农田建设"等综合整治，腾挪出发展空间，垦造出高标准农田，整治出美丽环境，做到资源与资本有效对接，实现农村地区生态空间重塑、生产空间重构、生活空间重建。

江苏省南通市从破解土地增量供给空间与城乡融合发展用地需求矛盾出发，坚持"三个聚焦"，即聚焦粮食安全、聚焦富民增收、聚焦生态建设，以土地综合整治为平台做"乘法"，集成高标准农田建设、城乡建设用地增减挂钩、新增耕地指标调剂使用机制等政策应用，通过开展土地综合整治推进土地供给侧结构性调整，实现整治目标"同质同化"向"差别整治"的转变，优化结构、腾挪空间，建设兼具历史风貌、地域特色、文化记忆的美丽乡村，较好地解决了乡村建设用地和耕地保护碎片化问题，使优质耕地集中连片，使农业农村各项发展合理用地，使农村人居环境美丽和谐，最大限度放大土地政策红利，发挥了土地综合整治在助推乡村振兴中的作用。

上海市松江区，积极探索纯农地区乡村发展之路，以土地综合整治为平台，统筹整合各类涉农资金，以集建区外低效建设用地减量化、优化城乡土地利用为目标，以土地利用规划为"底盘"，统筹协调交通、农业、土地整治、生态环境、社会经济发展等相关规划关系，优化生产、生活、生态用地空间布局，在市郊关键生态节点建设一批具有一定规模、拥有良好田园风光和自然生态景观，可以展现传统农耕文化、供都市休闲游憩，能够实现一、二、三产融合发展的"郊野单元"，做到守护生态之美、传承人文之心，让农业成为有奔头的产业，让农民成为有吸引力的职业，让农村成为安居乐业的美丽家园。

实践证明，"土地整治+"理念具有强大生命力，土地综合整治将在今后相当长一个时期里，成为破解三农发展难题、助推城乡融合发展的重要平台，成为解决农业农村发展资金不足的有效手段，必将在推动乡村振兴伟大进程中有更大担当、发挥更大作用。

（二）推进完善高标准农田建设工作体系

"十二五"以来，大规模推进高标准农田建设是党中央、国务院立足国家粮食安全和社会长治久安作出的重要战略部署。2017年2月17日，国家发展改革委、财政部、原国土资源部、水利部、原农业部、中国人民银行、国家标准委七部委联合印发《关于扎实推进高标准农田建设的意见》（发改农经〔2017〕331号），提出"统一建设标准、统一上图入库、统一监管考核"要求，并将"健全机制，强化监管"作为基本原则，要求实现高标准农田建设全过程监管，督促各地及时将建成的高标准农田上图入库。在党中央、国务院的统一部署下，原国土资源部会同有关部门按照"以规划定任务，以任务定资金"原则，协同推进高标准农田建设，初步形成了以高标准农田建设规划和土地整治规划为指引、以政策文件为支撑、以技术标准为依据，统一开展实施建设和监管考核的工作局面。整合规划引领高标准农田建设。《全国高标准农田建设总体规划》和各级土地整治规划明确了高标准农田建设任务，提出到2020年建成旱涝保收的高标准农田8亿亩，亩均粮食综合产能提高100公斤以上。《全国土地整治规划（2016—2020年）》确定了"十三五"高标准农田建设总体目标和重点布局，将再建4亿—6亿亩的建设任务分解到各省（自治区、直辖市），进一步要求将建成的高标准农田统一上图入库，实行统一监管考核。省级高标准农田建设任务要通过市县级土地整治规划进一步分解落实，县级土地整治规划要把高标准农田建设任务落到项目、地块和图上，全面掌握高标准农田建设情况，统一标准建设高标准农田。2014年5月，首部高标准农田建设国家标准《高标准农田建设通则》（GB/T 30600-2014）发布实施。2016年10月，国家标准委发布实施了《高标准农田建设评价规范》（GB/T 33130-2016），明确了高标准农田建设评价的范围和时点，规定了评价原则、方法、对象、内容、程序和成果，建立了评价指标体系和权重分值计算规则，从建设任务完成情况、建设质量、建设成效、建设管理和社会影响五个方面对高标准农田建成后产生的经济、社会、生态和资源环境等效益进行评价，为各级各类高标准农田建设评价工作提供了标准支撑，同时为耕地保护责任目标考核、粮食安全省长责任制考核提供了重要技术依据。统一高标准农田建设监管体系。近年来，土地整治监测监管不断强化，形成土地整治和高标准农田建设在线报备、动态监测、评估考核、督导指导等多措并举的监测监管工作格局。一是推进高标准农田建设统一上图入库。《关于扎实推进高标准农田建设的意见》（发改农经〔2017〕331号）把"健全机制，强化监管"作为一项基本原则，要求实现高标准农田建设全过程监管，督促各地及时将建成的高标准农田上图入库。《关于切实做好高标准农田建设统一上图入库的通知》（国土资发〔2017〕115号）要求依托国土资源遥感监测

"一张图"和综合监管平台，利用农村土地整治监测监管等有关部门的管理系统，集合建成高标准农田建设全国"一张图"，实现有据可查、全程监控、精准管理、资源共享，为动态掌握高标准农田建设基本情况和成效提供基础支撑。2017年11月，原国土资源部在北京召开由发改、财政、农业、水利、国土等省级部门同志参加的高标准农田建设统一上图入库培训会，进一步明确工作要求，统一技术流程，为不断强化上图入库夯实工作基础。二是统一开展高标准农田建设考核。2015年国务院办公厅印发《粮食安全省长责任制考核办法》，将高标准农田建设情况作为粮食安全省长责任制考核的重要内容。按照国务院有关要求，2017年，原国土资源部、国家发展改革委、财政部、水利部、原农业部五部委共同开展了2016年度高标准农田建设考核工作，形成《关于2016年度高标准农田建设考核情况的报告》报国务院，同时向各省通报考核情况。此外，五部委联合印发《2017年度高标准农田建设考核工作方案》（国土资发〔2017〕38号），部署启动了2017年度高标准农田建设考核工作。三是加大高标准农田建设日常监测监管力度。为确保能够及时发现高标准农田建设中存在的问题，近年来更加注重推广应用先进信息技术手段，进一步提升高标准农田监测监管能力。2017年，原国土资源部协同审计部门首次对高标准农田建设上图入库数据进行全面核查，在督促地方不断提高上图入库比例的同时，重点对"十二五"时期建成的高标准农田存在的非耕地地类情况进行抽查，并下发《关于做好高标准农田建设上图入库数据核实的通知》，要求各地依托国土资源遥感监测"一张图"和农村土地整治监测监管系统，对已建成的高标准农田存在非耕地、陡坡耕地的情况进行核实整改，切实做到"底数清、情况明"。

（三）提升土地整治信息化监测监管能力

《中共中央 国务院关于加强耕地保护和改进占补平衡的意见》（中发〔2017〕4号）指出，高标准农田建设情况要统一纳入国土资源遥感监测"一张图"和综合监管平台，实行在线监管，统一评估考核，扩大全天候遥感监测范围，强化耕地保护全流程监管。为确保将中央要求落细落实，各级国土资源部门立足职能，不断探索信息化技术手段，努力提升土地整治和高标准农田建设监管能力和水平。持续加强国土资源信息化监测监管能力建设。2017年7月，原国土资源部、国家测绘地理信息局印发《关于推进国土空间基础信息平台建设的通知》（国土资发〔2017〕83号），提出按照中共中央、国务院大力推进生态文明建设、加强国土空间用途管制的要求，依托国土资源、测绘地理等已有空间数据资源，建立国土空间基础信息平台，提升国土空间治理能力现代化水平。8月，原国土资源部印发《关于土地复垦"双随机一公开"监督检查实施细则》，提出对矿山土地复垦情况进行抽查，要求随机抽取检查对象、随机选派监督检查人员，及时公开抽查情况和查处结果。9月，原国土资源部、国家发展改革委等五部委联合印发《关于切实做好高标准农田建设统一上图入库工作的通知》（国土资发〔2017〕115号），要求逐步建成高标准农田建设全国"一张图"，实现有据可查、全程监控、精准管理、资源共享。

持续深化土地整治监测监管与指导服务工作。原国土资源部土地整治中心坚持"日常监测分析、培训指导、上图核查、实地调研督导"四个常态化，在充分应用国土资源遥感监测"一张图"和综合监管平台的基础上，逐步完善自主研发的土地整治监测监管应用平台，配合开展高标准农田上图核查、新增耕地核查标注、综合成效评估、土地整治专家库管理、城镇低效用地再开发项目管理等工作，目前已形成由项目基础数据、规划数据、综合成效评估数据、新增耕地核查数据、外业调查数据、综合知识库等多源数据组成的土地整治综合数据库，数据基础逐步夯实。积极研发土地整治内外业一体化现场调查平台，完成外业核查系统与监测监管平台的衔接，在满足日常动态监测监管的同时，不断强化土地整治全程全面可追溯管理能力。

各级土地整治机构不断加强土地整治信息化监管能力。在信息报备系统研发方面，截至2017年底，已有辽宁、上海、江苏、浙江、福建、山东、湖北、广东、重庆、四川、贵州、宁夏12个省（自治区、直辖市）及新疆生产建设兵团建成服务于土地整治监测监管的应用系统；另有辽宁等8个省份及新疆生产建设兵团已通过与部系统对接实现项目信息报备；海南、陕西、甘肃、青海土地整治监测监管系统正在建设研发中。通过研发土地整治信息管理系统，有效提高了土地整治项目备案信息的准确性、真实性、及时性。在基础数据库建设方面，江苏省高标准农田项目管理信息系统、湖北省土地整治空间数据库及管理系统、四川省县域及省域永久基本农田精细化管理系统、山西省耕地质量等别成果管理系统等，不断提高土地整治项目数据综合分析应用水平。在开展土地整治日常监测监管工作方面，江苏省创新国土资源监管模式，将10.72万平方公里国土资源全要素信息，汇集在"一张图"系统平台上，全省共布设5437个视频探头，对基本农田保护区、土地整治项目等进行在线实时监测。浙江省为加强对土地整治和高标准农田建设项目的全程管理，规范项目规划设计，强化项目日常监管和施工监理，在全省推广应用土地整治项目移动巡查系统，借助互联网与数据库技术，实现土地整治项目实施过程的信息交互与数据管理。广东省以数据共享实现全程信息化监管，先后开发了高标准农田建设进展报备管理系统和建后监管系统，并使之与农村土地整治监测监管系统对接，为高标准农田建设提供了全程信息化管理和服务支撑。重庆市开展农村土地整治项目管理系统（第二期）建设研发工作，增加了在线监管模块。福建省建成了土地整治项目远程监测监管平台。上海市土地整治项目审批监管系统、山东土地整治项目实施进展情况填报系统、贵州省土地整治项目现场远程监控系统等正在建设研发中。在行业监管方面，河北省建立了土地整治项目从业单位诚信管理系统，湖北省出台土地整治从业机构信息管理暂行办法并建立了土地整治行业信用管理体系，贵州省建立了土地整治从业单位备案登记管理信息系统，新疆维吾尔自治区建成了土地整治行业从业单位信用管理系统，实现了对土地整治从业单位的动态监测分析和规范化管理。在档案管理方面，内蒙古、湖北、广西、重庆、四川、宁夏、新疆已开展或完成库存项目档案数字化工作。大部分土地整治机构已使用档案管理系统软件管理档案，其中黑龙江省正在建设研发土地整治项目档案信息化管理系统，档案数字化、信息化工作正不断推进。

（四）大力助推脱贫攻坚

《中共中央 国务院关于打赢脱贫攻坚战的决定》确定了新阶段脱贫攻坚的政策举措，将完善扶贫开发用地政策作为健全脱贫攻坚支撑体系的重要内容之一，明确提出中央和省级在安排土地整治工程和项目、分配下达高标准基本农田建设计划和补助资金时，要向贫困地区倾斜。连片特困地区和国家扶贫开发工作重点县开展易地扶贫搬迁时，城乡建设用地增减挂钩指标可在省域范围内流转使用。按照坚持扶贫开发与经济社会发展相互促进，坚持精准帮扶与集中连片特殊困难地区开发紧密结合，坚持扶贫开发与生态保护并重，坚持扶贫开发与社会保障有效衔接原则，贫困地区被列入土地整治重点区域，中央分成新增费分配重点向贫困地区倾斜，用于支持贫困地区开展土地整治，大力建设高标准农田。有关贫困地区以土地整治为平台，积极整合集成政策资金，建成了一批集中连片、设施配套、高产稳产、生态良好、抗灾能力强、与现代农业生产和经营方式相适应的高标准农田。据不完全统计，党的十八大以来，原国土资源部在全国贫困地区共计安排土地整治项目5200多个，建设规模6100多万亩，累计投入资金940多亿元，土地整治成为扶贫攻坚的有效抓手，为贫困地区铺就了脱贫致富新出路。贵州省为10万就地脱贫人口每人整治1亩优质农田，惠及9.63万贫困人口。湖南省在湘西州花垣县投入资金1.7亿元，完成农村土地整治项目61个，有力地改善了县域农业基础设施，项目区群众通过到园区就业、土地流转方式收入大幅增加，成为当地精准扶贫示范项目。2017年，国务院印发《中共中央 国务院关于加强耕地保护和改进占补平衡的意见》（中发〔2017〕4号），明确要"着力推进拆旧复垦，用好城乡建设用地增减挂钩等政策"。为此，原国土资源部充分发挥增减挂钩政策支持脱贫攻坚的作用，进一步完善贫困地区增减挂钩结余指标使用政策，支持国家重点扶贫地区将实施土地整治时补充的耕地指标，向省域内经济发达地区有偿调剂，调剂形成的收益用于耕地保护、农业生产和农村经济社会发展。4月，《关于进一步运用增减挂钩政策支持脱贫攻坚的通知》（国土资发〔2017〕41号）印发，明确省级扶贫开发工作重点县可将增减挂钩结余指标在省域范围内流转使用，红利辐射范围由之前的个别贫困县拓展为1250个贫困县。据统计，截至2017年6月，国家级贫困地区增减挂钩结余指标协议交易达到334.53亿元，取得了很好的政策效果。如四川巴中市流转增减挂钩结余指标4500万亩，获得调剂使用资金13.2亿元；古蔺县、叙永县以"古叙挂钩项目"指标收益为基础，发行了全国第一支易地扶贫搬迁项目收益债券，筹措资金20亿元专项用于加快推进易地扶贫搬迁。

2017年9月，原国土资源部部长姜大明在第四次乌蒙山片区区域发展与脱贫攻坚部际联席会议上指出，各级国土资源部门要"翻箱倒柜、倾囊相助"，通过创新支持政策，扩大实施范围，大力支持深度贫困地区脱贫攻坚。他同时要求，为了全面贯彻党中央、国务院的决策部署，实施精准扶贫精准脱贫基本方略，聚焦"三区三州"（指西藏、新疆南疆四地州、四省藏区与甘肃的临夏州、四川的凉山州和云南的怒江州）及其他深度贫困县，以更大力度精准支持深度贫困地区脱贫攻坚。11月，《关于支持深度贫困地区脱贫攻坚的意见》（国土资规〔2017〕10号）印发实施，提出拓展城乡建设用地增减挂钩政策，深度贫困地区开展增减挂钩可不受指标规模限制等重要政策措施。12月28日，四川乐山市马边县与浙江省绍兴市越城区签订增减挂钩结余指标流转协议，签约流转马边县20个乡镇节余指标7000亩用于浙江省绍兴市越城区城镇建设，协议总金额50.4亿元，亩均价格72万元，在全国率先实现深度贫困地区增减挂钩结余指标跨省域流转。在签订协议后，浙江省绍兴市越城区人民政府一次性支付1亿元预付款，指标流转的政策红利将全部用于马边县脱贫攻坚工作，为该县2019年高质量脱贫摘帽打下坚实基础，实现双方互助共赢。

2018年3月，国务院办公厅印发《城乡建设用地增减挂钩节余指标跨省域调剂管理办法》，允许"三区三州"及其他深度贫困县城乡建设用地增减挂钩结余指标由国家统筹跨省域调剂使用。节余指标调出价格根据复垦土地的类型和质量确定，节余指标调入价格根据地区差异相应确定。从各地实践看，甘肃省出台政策支持18个省定深度贫困县、40个深度贫困乡镇、3720个深度贫困村脱贫攻坚工作，规定深度贫困地区开展城乡建设用地增减挂钩不受指标规模限制，鼓励开展跨省结余指标交易，相关收益主要用于脱贫攻坚。湖南省积极运用增减挂钩政策，支持贫困地区脱贫攻坚，截至2017年底51个贫困县中有35个县组织开展了增减挂钩工作，成功流转节余指标8698亩，筹集脱贫攻坚资金22.2亿元。河南省2017年共实现宅基地复垦券交易6.01万亩，交易总收益131.07亿元，惠及全省23个异地搬迁扶贫县、8个黄河滩区居民迁建县和其他4个贫困县。

实践证明，通过实施土地整治，运用城乡建设用地增减挂钩超常规政策，实现了扶贫开发与经济社会发展相互促进，精准帮扶与集中连片特殊困难地区开发紧密结合，扶贫开发与生态保护并重，扶贫开发与社会保障有效衔接，为实现到2020年让7000多万农村贫困人口摆脱贫困既定目标，确保我国现行标准下农村贫困人口实现脱贫、贫困县全部摘帽、解决区域性贫困问题提供了有力支撑。

(五) 积极促进绿色发展和绿色生活

绿色发展是以效率、和谐、持续为目标的经济增长和社会发展方式，是实现人与自然和谐共生、经济发展与生态环境保护相统一的根本举措。党的十八届五中全会提出"创新、协调、绿色、开放、共享"五大发展理念。2017年，习近平总书记在中央政治局第四十一次集体学习时指出，推动形成绿色发展方式和生活方式，是发展观的一场深刻革命。党的十九大报告指出"统筹山水林田湖草系统治理，实行最严格的生态环境保护制度，形成绿色发展方式和生活方式，坚定走生产发展、生活富裕、生态良好的文明发展道路"。中央的一系列战略部署充分体现了生产发展、生活方式绿色化的迫切性和重要性。土地资源是支撑经济社会发展的物质基础和重要载体，也是绿色生态系统的核心要素。土地整治则是优化土地资源利用，保护和改善生态环境，推动形成绿色发展方式的重要抓手和平台。在当前生态文明建设加快推进的背景下，实施土地综合整治，优化国土空间开发格局，提高资源环境承载能力，是促进土地资源永续利用，推动形成绿色发展方式和生活方式的重要举措和必要路径。

强化生态整治理念，保障国家粮食安全，促进绿色可持续发展。

通过土地整治推进高标准农田建设，构建数量、质量、生态"三位一体"耕地保护新格局，是贯彻落实保障国家粮食安全战略的重大举措，也是推动形成绿色发展方式和生活方式的题中应有之义。黑龙江省将土地整治作为发展现代化大农业的重要抓手和基础平台，把小规模经营、分散零星、区块差异较大的耕地，整治成"田成方、林成网、路相通、渠相连、旱能灌、涝能排"的集中连片优质农田，提高土地的规模化和集约化程度，改善农田基础设施和生态环境，促进黑龙江省"亿亩生态高标准农田"建设，为落实"藏粮于地"国家战略、发挥国家粮食安全"压舱石"的重要作用提供支撑和保障。以哈尔滨市为例，到2020年将建成高产标准农田1287万亩，亩均粮食综合生产能力提高200斤以上、平均亩产达到1000斤以上。湖南省桑植县按照"产业扶贫、工业兴县、绿色发展"的总体思路，通过实施土地整治项目，使昔日荒芜的高山台地变成地成片、路成网、林成行的"万宝山"，依托"公司+基地+合作社+农户""合作社+土地流转+贫困户"的发展模式，发展起高山蔬菜、优质烟叶、高山云雾茶等产业，促进了全县农业产业蓬勃发展，成为扶贫攻坚的"助推器"，奏响了经济发展、生态建设齐头并进的和谐曲。如潮溪镇新华村卓文洲是村里最穷的贫困户，通过土地整治，他家耕地连成片，并加入村里正宏蔬菜专业合作社，租了项目区60亩地种植萝卜，一年种三季，每季每亩纯收入1500元，全年种植萝卜纯收入达27万余元。

推动资源节约集约利用，优化国土空间格局，促进发展方式向绿色转变。各地在土地整治中，积极创新思路和建设模式，有序开展"城中村"、老旧小区改造，实施村庄拆旧建新及砖瓦窑厂等工矿废弃地复垦，挖潜盘活城镇闲置低效用地，实现资源节约集约利用，促进生态涵养和绿色可持续发展。山东省充分利用城乡建设用地增减挂钩政策，整合农业、水利、交通、住建等多部门资金，将原先布局零散、利用低效、闲置废弃的工矿废弃地重新整治盘活，促进了土地适度规模化经营和农村一、二、三产业的协调发展，原来布局凌乱、脏乱差旧的村庄，变成了整齐划一、整洁靓丽的新社区，当地农民群众的生产生活条件得到了显著提升。据统计，全省共改造村庄3000余个，拆旧面积50万余亩，新建社区2171个，实现向农村地区返还土地收益600多亿元，使用增减挂钩结余指标27.33万亩，新建各类项目4742个，带动投资近1600亿元，推动了全省城镇化进程。江苏省徐州市是老工业基地和资源枯竭型城市，由于常年煤矿开采，大量农田被毁，生态环境恶劣。贾汪区潘安湖地区是全市最大、塌陷最严重、面积最集中的采煤塌陷区，面积1.74万亩，区内积水面积3600亩，平均深度4米以上，长期以来该区无法居住、无法耕种，形成了严重的历史包袱。近年来，徐州市综合运用土地复垦、工矿废弃地复垦利用等手段，按照"基本农田整理，采煤沉陷区复垦，生态环境修复，湿地景观开发"四位一体的建设模式，全面推进历史遗留矿区土地综合整治，开发建设潘安湖湿地公园，目前已初步形成湖泊景观、湿地景观、水岛景观、人文景观和高标准基本农田相互交织的自然生态景区，衍生出的旅游、餐饮等服务产业，取得了显著的社会、经济和生态效益，"一城青山半城湖"已成真实写照，被称为"国内城市废弃矿山治理的典范"。

推动发展方式转型升级，构建生态文明格局，促进生活方式向绿色转变。土地整治强调以永续发展为导向，布局科学合理的绿色生产空间、生活空间和生态空间，助推新型城镇化建设，促进生活方式的绿色转变，实现人口、资源、环境和谐发展，经济、社会、生态效益相统一。湖北省谷城县城关镇老君山村樱花谷，是占地近3万亩的生态景区，原先却是20世纪60年代的采石场，环境恶劣，饱受诟病。谷城县以矿山复绿和废弃工矿综合开发利用为突破口，投资6000多万元，对原废弃采石场进行综合治理，复绿了山体，打造了老子文化广场、观景桥、古窑民居、八角亭等多处景点，促进了生态国土建设与乡村旅游开发同步进行。该村2017年入选湖北省美丽乡村建设试点村，节假日每天接待游客达千人以上，带动了一、三产业的蓬勃发展。上海市以土地整治和建设用地减量化为抓手，做好加减法，加强城市环境治理，大力推进生态文明建设，向"生态之城"逐步迈进。以嘉北郊野公园为例，通过土地整治拆除"三高一低"企业和拆并农村宅基地，实现建设用地净减量147.52公顷、污水排放减量99.2万吨/年，农村生活垃圾减量778万吨/年。如今，这里成为上海已投运开放面积最大的郊野公园，汇聚了原生态农田、林地、村落和水网，被称为城市"绿肺"，成为备受当地群众喜爱的休闲休憩郊野空间。

树立新发展理念，推广应用土地生态整治科技，促进绿色可持续发展。土地整治注重强化生态整治理念，运用生态工程技术，建设绿色基础设施，降低工程建设对土壤性状、生物多样性和生态系统稳定性的负面影响，保护生物多样性和生态平衡。面对资源约束趋紧、环境污染严重、生态系统退化的严峻形势，湖南省长沙县积极探索低碳土地整治模式，于2013年启动我国第一个低碳型土地整治项目——长沙县金井镇涧山村耕地生态保护型土地整治项目，在项目规划设计、工程施工、后期利用阶段融入了低碳理念。项目区灌溉、排水渠道采用生态衬砌方式代替传统预制板衬砌，渠道设计水位以下采用波浪形卡扣生态砖护砌，设计水位以上采用草皮护坡，并在卡扣护坡砖上预留生态孔。斗沟、农渠、水塘等采用框格衬砌代替传统预制板衬砌，田间道路采用泥结石路面，通过采用低碳型工程措施，实现节能降耗、低碳减排，降低了水泥等建材及农药、化肥等消耗量。与传统项目相比，该项目打造低碳型灌排水工程，建设低碳型田间道路，采用农田渍水净化系统，通过一系列减量化措施、循环利用措施，减少材料近40%，能耗降低近30%，每年减少了400吨二氧化碳排放量，实现了生态功能、生产功能和观赏功能的有机统一。吉林省白城市、山东省东营市及天津市滨海新区等地区通过创新土地整治实施模式，采取"暗管排碱"方式降低土壤含水率，减少土壤水分蒸发，减轻土壤返盐，提高了农田质量，为农作物生长提供了适宜环境。以吉林省白城市镇赉县哈吐气蒙古族自治乡土地整治项目为例，当地由于土地盐碱化、沙化严重，限制了粮食生产能力的增强。通过实施吉林省西部土地开发整理重大工程，有效降低了土壤盐渍化程度，水田产量明显增加。仅粮食生产一项，全县粮食产量将达到30亿斤，每年可向国家贡献商品粮27亿斤，该县成为全国水稻种植面积最大的县之一。

各地鲜活生动的实践为土地整治促进绿色发展和绿色生活提供了借鉴，一系列政策文件和《土地整治术语》等技术标准的出台，为土地整治推动形成人与自然和谐发展提供了制度保障，"土地整治工程技术人员"在最新版职业分类大典中被标注为"绿色职业"，土地整治也被赋予了更多的内涵和全新的时代使命。新时期，土地整治将继续围绕耕地质量提升、退化土地治理、荒废土地利用、土地生态修复等，以土地工程技术创新为抓手，增强科技创新能力，为土地整治绿色提档升级注入源源不断的活力，进一步促进形成绿色发展、绿色生活方式。

（六）土地整治投融资机制创新取得新进展

现行《土地管理法》颁布实施以来，新增建设用地土地有偿使用费、耕地开垦费、土地复垦费等成为我国土地整治的主要资金来源，形成了以政府投入为主渠道的土地整治投融资格局。随着新增费使用管理制度改革，在生态文明建设加快推进的背景下，土地整治工作专项资金不足和综合整治任务不断加重的矛盾日益凸显，创新完善投融资机制，巩固和拓展综合整治资金渠道迫在眉睫。

中央在财政预算管理制度改革方面，强调做好整合和撬动的文章。所谓整合，就是通过对存量资金进行统筹整合，集中力量把最该办的事办好；所谓撬动，是指将有限的财政资金用作"药引子"，构建吸引金融和社会资本流向农业农村的渠道。通过土地整治改革创新激活农村沉睡的土地资源，充分发挥土地整治的撬动作用就是一个有效的政策抓手，在拓宽资金投入渠道实现土地整治滚动发展的同时，还可为脱贫攻坚和乡村振兴筹集资金。2016年中央1号文件提出，探索将土地整治增加的耕地作为占补平衡补充耕地指标，按照谁投入、谁受益的原则返还指标交易收益；2017年中央1号文件强调，允许将土地整治增加的耕地作为占补平衡补充耕地指标在省域内调剂，按规定或合同约定取得指标调剂收益；中发〔2017〕4号文件进一步明确，拓展补充耕地途径，统筹实施土地整治、高标准农田建设、城乡建设用地增减挂钩、历史遗留工矿废弃地复垦等，新增耕地经核定后可用于落实补充耕地任务。城乡建设用地增减挂钩结余指标调剂管理政策也不断完善,节余指标从最初限定在县域内使用,到2016年允许集中连片特困地区、国家扶贫开发工作重点县和开展异地扶贫搬迁的贫困老区节余指标在省域范围内流转使用,再到2017年允许省级扶贫开发工作重点县节余指标在省域范围内流转使用,不断拓展节余指标使用范围。上述政策设计为金融资本和社会资本进入土地整治领域提供了强大驱动力,各地积极探索创新,涌现出一批典型经验做法,为新形势下进一步完善多元化投融资机制,推动实施"四区一带"国土综合整治奠定了坚实基础。

中国农业发展银行为金融资本参与土地整治提供了有益的借鉴。农发行自2010年开始相继推出了"农村土地整治贷款""高标准农田建设贷款""农村土地流转和规模经营贷款"等一系列农地信贷产品,支持内容涵盖了农村土地制度改革的各个领域和《全国土地整治规划》确定的各项建设内容及任务,已累计投放贷款近万亿元,有力支持了"两藏"战略和各地土地整治工作。尤其是自2015年起,该行将高标准农田建设、中低产田改造、耕地保护及土地复垦等纳入支持重点,信贷投入日益加大。农发行在实践中形成了以下典型模式:(1)河间市工矿废弃地复垦PPP模式。该项目总投资2.2亿元,其中项目资本金0.7亿元,申请农发行贷款1.5亿元,贷款期限10年4个月。项目主要建设内容包括河间市12个废弃砖厂的土地复垦和后期运营维护,项目总面积230.6公顷,预计新增耕地219公顷。复垦土地验收后,由河间市对新增农用地进行产业规划,结合河间市传统农业特色及旅游文化,开展特色小镇开发及美丽乡村的整体建设,同时引导鼓励广大农户自发加入,做大做强特色产业。(2)以增减挂钩为核心的崇州模式。崇州是重要的商品粮生产基地和国家级现代农业示范区,该市探索推出了以土地股份合作社为核心,新型农业科技服务、农业社会化服务、农业公共品牌服务和农村金融服务四大服务体系为支撑的"1+4"新型农业经营体系,得到国务院领导充分肯定。探索实践依托的生产基地,就是由农发行支持的10万亩现代农业示范区粮食稳产高产基地。该项目总投资12.97亿元,其中农发行贷款8.8亿元，贷款期限7年。项目遵循生产生活生态同步原则，建设内容既包括新建现代粮食产业示范区10万亩，还包括美丽乡村宜居社区、休闲观光农业和现代农业社会化服务体系等建设，一次性解决了当地农业农村发展过程中各方面的建设需求，用于本项目还款资金来源，取得了较好的经济效益和社会效益。（3）整建制推进高标准农田建设之泰州模式。针对高标准农田建设财政资金投入不足的问题，农发行推出了"中央投资+专项建设资金+农发行贷款"整市（县）集中推进高标准农田建设的投融资新模式，并在江苏泰州市开展了试点。项目总投资146.7亿元，整市集中推进新建高标准农田204.5万亩，提升改造高标准农田240.6万亩，亩均投资额超过3000元。该模式得到国务院领导充分肯定，批示要求进一步扩大试点，加快建设进度，并在全国春耕生产现场会向与会代表推介，要求各地积极复制该模式。（4）统筹整合涉农资金集中推进高标准农田建设之江西模式。该项目的推进，将从省级层面建立"多个渠道饮水、一个池子蓄水、一个龙头放水"的资金统筹整合使用新机制，为提高江西农业综合生产能力、保障国家粮食安全、加快现代农业进程、实现精准扶贫等奠定坚实基础。通过项目建设，将高规格地完成全省1158万亩高标准农田建设任务，总投资计348亿元，亩均投资标准3000元，农发行为本项目提供了242.45亿元的信贷资金支持。（5）以土地综合治理"1+N"理念为引领的淮阴模式。为落实中央关于有效拓展高标准农田建设内涵的要求，着力解决高标准农田建设与产业发展衔接不紧密问题，农发行将农村土地流转和规模经营与精准扶贫有机结合起来，在江苏省淮阴区探索实施了"迁村腾地、高标准农田建设、新型城镇化建设、城乡土地置换、扶贫帮困"同步推进的"五位一体"信贷支持模式。该项目作为江苏省政策性金融扶贫示范点首批项目，位于淮阴区省定贫困人口最集中、脱贫难度最大的刘老庄片区，区域内村庄凌乱分散，废弃土地复垦率低，中低产田比重大，田间设施年久失修，严重制约当地现代农业发展和人口脱贫。通过本项目的实施，可对项目区内零星村庄进行迁村复垦，安排农民集中居住，建设集中连片的高标准农田，推动土地有序流转和发展多种形式适度规模经营，带动贫困人口脱贫致富。项目总投资8.8亿元，其中农发行贷款7亿元。该项目的实施将改善1800户低收入农民居住条件和生产生活环境，直接带动6289名省定贫困人口脱贫，实现支持美丽乡村建设与精准扶贫的有机结合，获得了"2017年江苏省金融创新奖"。一些地方积极探索构建社会资本参与土地整治的工作机制。河南省发挥国土资源开发投资管理中心投融资平台的经济手段作用，强力推动高标准农田建设，选取9个试点县，按照"土地流转—农田整治—土地再流转"的模式，开展了100多万亩的高标准农田建设。如邓州市孟楼镇，首先由省投资中心与邓州市政府共同出资，组建了"邓州市农村土地开发有限公司"，由土地开发公司作为运作平台，开展土地整治。遂平县试点反弹琵琶，根据一加一面粉、五得利面粉、正康粮油、徐福记食品等农产品加工企业的需求，实行土地整治"定制化""订单化"开展，吸引社会资金和投资中心投资5.4亿元，拟将全县36万亩永久基本农田实行全域整治。河南省同时推进"复垦券"模式，在社会资本参与下，将土地整治与扶贫有机结合，基于异地扶贫后整理出的新增耕地推出复垦券，在全省进行公开交易。截至2018年9月，全省共交易宅基地复垦券指标8.41万亩，筹集资金177.72亿元，惠及40多个异地扶贫搬迁县、贫困县和黄河滩区迁建县，为脱贫攻坚提供了有力的资金支持。内蒙古自治区批复以赤峰市巴林右旗PPP模式实施高标准农田建设项目，项目建设总规模12.7万亩，总投资2.09亿元，亩均投资1646元。其中，政府投资1.53亿元，社会资本投资0.56亿元。该项目采用BOT（建设—运营—移交）"投建管服一体化"方式运作，通过市场机制引入社会资本和专业农业技术管理公司，让专业人做专业事，使政府和社会资本方发挥各自的优势，形成互利合作关系，以较低的成本为农牧民提供优质高效服务。山西省政府办公厅印发《关于鼓励引导社会资本参与土地整治的指导意见》，在全省范围内创新土地整治机制，充分运用耕地占补平衡政策，发挥市场的作用，以政府资金为引导，鼓励采取PPP模式和委托代建、先建后补等方式，引导农村集体经济组织、农民、新型农业经营主体、土地整治专业机构、工商资本等依据土地利用总体规划、土地整治规划，规范有序投资或参与土地整治。山东省济宁市针对财政资金不足等问题，积极探索引入社会资金整乡镇推进农村土地综合整治，并采取"土地整治+"模式，率先在梁山县开展试点工作。湖南省娄底市出台《社会投资耕地开发项目管理办法》，对社会投资耕地开发行为进行规范，提高全市新开发耕地农业产业化水平和管护效果，助推乡村振兴。不仅是农村地区土地整治，城镇工矿建设用地整理也为金融和社会资本进入开辟了广阔的空间。近年来，按照"全面探索、局部试点、封闭运行、结果可控"要求，广东省对现行土地管理制度进行适度创新，积极开展以"三旧"改造为主要内容的城镇低效用地再开发，形成一条存量建设用地再开发的新路径，有力促进了新型城镇化建设及产业转型升级。2008年至2017年，累计投入改造资金1.2万亿元，"三旧"改造腾挪增加可利用土地面积占完成改造土地面积的46.5%，实现节约土地15.91万亩。广东省在推进"三旧"改造的实践中，探索形成了"政府主导、保留集体、自主实施"的改造模式、"政府主导、征转国有、市场运作"的琶洲改造模式、"政府主导、土地整合、集中开发"的广佛国际商贸城改造模式、"政府主导、捆绑出让、净地移交"的佛山祖庙东华里片区历史文化传承与保护改造模式、"政府整备、留地安置、利益共享"的深圳坪山沙湖整村统筹整备模式等多种实施模式，积极引导金融资本和社会资本参与，取得明显成效，实现了多方共赢的目标。

第二章　土地整理的理论基础与支撑技术

本章在介绍可持续利用理论、人地协调理论、生态经济理论、景观生态理论等基础上，重点分析和阐述了上述理论在土地整理领域的学科地位，并介绍了测绘、3S、沉陷和农业等土地整理支撑技术，深入分析和研究了其在土地整理实践中的应用过程。

第一节　土地整理的理论基础

一　土地整理的学科基础

土地科学研究的是人与地之间的相互关系及其变化规律，它以土地利用的人地系统为研究对象，强调人与地之间具有相关性，将两者视为不可分割的一个整体，着重于对土地利用的研究。这一学科对土地利用地域系统发展变化的过程进行解释和说明，揭示了其中的规律性，同时它还从社会经济发展要求出发，对人地关系进行了积极的协调，合理地组织和分配土地利用与土地资源，从全局到局部，从宏观到微观实现最佳土地利用结构，以达到结构—功能效益的最大化。就当前我国的土地利用结构优化程度来看，其水平还相对较低，农业土地利用规模的经济化程度远远不够，农业效益也久久得不到提升，这就导致了在现今的市场经济条件下耕地大多转向非农业用地，而能够有效解决这些问题的其中一个办法就是土地整理，且不管是现在还是未来，土地整理都将作为土地管理的一项重要内容发挥作用。① 所以，站在人地关系的角度，土地整理为土地科学研究的一个重要内容。从科学发展角度来看，作为土地科学的一个新的学科"生长点"，土地整理在研究土地结构系统的基础上，又积极吸收和包含了土地经济学和土地资源学等学科重要的研究知识和成果，正逐渐发展成为一门独立的分支学科。

土地整理学所包含的知识内容极广，涉及了土地系统工程学、土地利用学和土地信息工程学等一些理论性知识与方法。土地系统工程学是为进行土地整理而采取的各种组织管理技术的总称，是资源科学、土地利用规划设计科学、系统科学、管理科学等有机结合的产物。土地系统工程学以实现土地利用系统的整体优化和可持续性为目标，采用多种现代技术方法和手段，在一定的时空尺度范围内对土地利用系统进行最优规划、设计、控制和管理，使系统最终达成效益最大化。土地利用学涉及地理学、社会学和经济学方面的知识，是三者综合形成的产物，它对土地利用相关的基本原理和方法进行了全面而深入的解释和说明，其中的主要内容包括土地利用结构效应、土地利用模式和土地利用规律等。土地利用学作为土地整理的重要的基本理论基础，为土地整理提供了关键性的理论知识和方法。土地信息工程学是现代科学技术，针对的是在传统土地利用中信息管理存在的问题和矛盾，如"3S"。② 它贯穿于土地整理理论与方法研究及应用的全过程，属于信息管理范畴。

二 可持续利用理论

通常，土地的可持续利用包括三个方面，即生态可持续性、经济可持续性和社会可持续性。

现代土地利用对于土地资源生产潜力所形成的影响，就是生态可持续性的一个关键性的核心问题。在现今的农业生产和农业土地利用

---

① 国土资源部土地整理中心编：《土地开发整理项目实施管理》，2003年，第12—14页。
② 同上书，第15—17页。

中，普遍实行的是集约种植和频繁耕耘。此外，大量投入机械和高化学剂也是当代农业土地利用的一个显著特点，人类对这种农业土地利用虽实现了生产效率水平等方面的有效提高，但我们不能忽视其对土地资源生产能力的严重破坏，水污染、养分流失和土壤侵蚀等问题已经严重威胁到人们正常的生产和生活活动。

利用者的长期利益为经济可持续性的一个主要关注点，其中以关注产量的可持续性为重要内容。产量会受到多方面因素的影响，包括土地退化等一系列的环境问题，这些都直接或间接地影响产量。因此，我们可以得出虽然经济可持续性关注的并非自然资源本身，但是也与生态可持续性有着必要的联系，它着眼于未来的产量以及生产率。土地利用的经济表现性和可获利性为经济可持续性的另一重要方向。

人类基本的生存需要以及较高层次的社会文化需求是社会可持续性关注的主要内容。它的主要目标就是力求实现农产品及其他土地产品供应的可持续性，以满足社会需求。一些发展中国家由于经济发展、地理限制等一些因素限制，并不能实现农产品的持续供应，那么在这里对于社会可持续的一个主要要求就是避免饥荒，解决人们基本的温饱问题，也就是着手解决人口承载能力问题和食物安全问题。发达国家并不满足于基本的生存需要，在保证供给的同时，还要求产品的多种多样。平等是社会可持续性的一个重要内容，包括代内平等和代间平等。代内平等指的是在国与国、区域与区域以及社会集团与社会集团之间平等分配生产活动与资源利用的收益。代间平等指的是为后代保护资源基础，确保其享有资源利用的获利机会和获利权利。凡是损害其他国家、地区和社会集团利益，对生态环境具有危害性、影响到未来的生产条件并增加治理成本的土地利用，都不能看作是具有可持续性的。开展土地整理，调整土地关系和提高土地利用率体现的是代间平等。

人类得以生存发展的物质载体是土地，在世界政治、经济和文化不断发展的今天，人类仍面临着许多世界性的难题，比如人口问题、粮食问题、资源问题、能源问题以及环境问题，这些难题无疑都对人类的生存和发展造成了威胁，而仔细分析这些问题我们可以发现，它们都或多或少、直接或间接地与土地资源利用有关。土地资源可持续利用的特殊矛盾为土地数量的有限性和土地需求的增长性构成的矛盾。人类可以从资源的可持续利用中获取土地产品并实现劳务的满足。土地数量有限性揭示了土地资源持续利用的必要性，而土地的利用永续性以及可更新性又为土地资源可持续性提供可能。在社会经济飞速发展的今天，人们的生活水平与要求不断提高，而在这样一种形势下土地资源必须要实现其生产力与生态环境能够满足人类日益增长和变化的生产和生活要求，而土地整理也就是以此为目的实现对土地的调控与掌握。

作为实现土地资源可持续利用的主要手段和措施，土地整理将可持续发展作为前进目标，以不造成对土地生态环境的破坏为基本前提，在生态阈值内、在生态环境的允许限度内进行土地整理。

三 人地协调理论

人地协调理论以人与自然之间的相互联系和作用的关系为研究对象。它是一种关于对人与自然之间关系的理性思考，主要是围绕着人与自然的相互影响和作用程度进行哲学的讨论，是土地开发整理的理论基础之一。[1]

土地开发整理以人地之间的相互关系为主要内容，强调的是人地关系的协调中人类所起到的积极作用，换而言之就是指在土地开发整理中调节和控制的主体是人。土地开发整理追求的是当代的、代间的人与自然的和谐，此是宏观的、中观的，也是微观的。所以，土地开发整理涉及两个方面的关键性内容和概念：一是人的需求，人对土地开发利用的要求；二是自然基础限制，自然基础受到破坏则会使后代人的资源获取利益和机会丧失，导致人地之间关系失衡。

---

[1] 赵小敏、艾亮辉：《土地整理项目设计和后评价研究》，中国农业科学技术出版社2005年版，第39—41页。

四 生态经济理论

20世纪70年代世界普遍处于工业迅速增长、人口急剧膨胀、资源耗费加重以及生态环境严重破坏的严峻形势下，而也就是在这样一种形势下，生态经济理论在现代综合科学发展的情况下，从资源经济学、环境经济学和生态学中孕育而出，并逐步发展成为一门跨学科的综合性学科。从经济学的角度来看，生态经济理论研究的是经济复合系统的结构、规律以及功能，为研究土地利用经济问题和生态环境提供有力工具。[①]

生态经济平衡的基础是生态平衡，而生态平衡与经济平衡之间进行结合最终构成生态经济平衡，生态平衡与经济平衡是矛盾统一体，这也是生态经济理论的一个重要认识。自然和社会经济统一发展的根本问题之一就是生态经济平衡，为了促进经济的又好又快发展和自然环境的有效保护，进一步实现生态经济的良性循环，正确的运用生态经济平衡规律是非常必要且具有现实意义的。经济规律得以发挥的基础是生态规律，因而生态规律对于经济规律来说发挥着十分重要的作用，而经济规律反过来对生态规律具有反馈和调节作用。所以，可持续发展必须要遵循生态经济平衡发展观。

我们可以站在长远和发展角度上来考虑生态与经济，不难发现两者的目标其实是一致的。经济增长不能抛开生态平衡而谈增长，否则就是短暂性的增长，会导致经济失调或经济衰退，而可持续发展中的环境优化与资源永续利用观点就提到要避免这种短暂性增长；而一味追求生态平衡而忽视经济目标与经济平衡，从生态经济方面来说也是不具有实际意义的，违背了可持续发展中的经济发展是第一需要的观点。经济社会最优化发展模式是生态经济平衡，它是实现可持续发展的保障。在社会经济的快速发展下，每一个环节、部门和区域的经济活动都必须要实现效益最大化，只有高效益和高效率的发展模式，才

---

① 赵小敏、艾亮辉：《土地整理项目设计和后评价研究》，中国农业科学技术出版社2005年版，第57—61页。

能称得上是社会经济发展的最优化模式，才能有效实现可持续发展。此外，实现这一发展的重要背景和条件就是生态经济平衡，它是实现可再生资源永续利用和开发的有力保障，也是社会经济发展的最优化环境质量的保证。

实践证明，环境保护应与经济发展相互协调，环境与发展是一对矛盾，处理不好就会导致生态环境的破坏，而处理得好则会促进生态进化和经济发展。生态经济平衡失调，就会对经济增长产生严重影响。因此，要坚持走生态发展道路，实现生态经济化和经济生态化，这样才能摆脱困境，最终实现生态保护和经济发展。一直以来，生态与生态系统都与区域概念相联系，将一定范围内的空间或土地作为依托。土地资源是重要的自然环境资源之一，它是环境的重要组成部分，同时也是其他自然环境和社会经济资源的重要载体。土地整理是自然技术问题，也是社会经济问题，同时还是环境保护和资源合理利用的生态经济问题，受到来自自然、经济以及生态规律的多方面制约。

土地生态经济系统是由土地生态系统与土地经济系统在特定的地域空间耦合而成的生态经济复合系统。土地生态系统及其周围的生态环境构成一个有机整体，而整体中各个要素之间是相互影响的，会对整个系统功能造成重要影响。所以，在进行土地整理时，必须要树立一个全局、整体和系统的观念，要对系统内以及系统外的一切关系和影响进行仔细的考虑和研究。

五　景观生态学理论

景观生态学研究的是空间格局和生态过程的相互作用，是一门新兴的交叉学科，强调的是人与自然的协调性。而土地整理正是以协调人地关系为立足点，因此可将景观生态学看作是土地整理评价与规划设计的理论基础。

景观生态规划设计可以体现出土地整理的景观生态学理论。欧格里恩（Ogrin）对景观规划与景观设计进行了明确界定：景观规划是

第二章　土地整理的理论基础与支撑技术

在一个大范围内（1∶50000—1∶100000[①]）引入一个新区或者是重建一个土地利用结构，它主要回答土地利用的类型是什么、土地利用的布局在何处以及土地利用规模为多大等三个问题；景观生态设计主要是通过安排景观空间结构来实现生态的整体性。景观生态学是站在整体性的观点上来促成景观设计框架的构成，建立丰富多样且多产的生态系统，为人与自然服务的景观设计活动。景观生态规划和景观生态设计两者密切相关，融合在一起成为景观生态规划设计。景观生态规划设计的指导原理是生态学原理，目标是实现区域生态系统的整体优化功能，它是运用规划、模拟等多种手段和措施，在综合、分析和评价景观生态基础上，建立区域景观优化利用空间结构和功能，并提出一系列的措施和方法的综合的应用技术。

第二节　土地整理的支撑技术

土地整理的支撑技术主要包括测绘技术、3S 技术、沉陷预计技术、农业技术等。

一　测绘技术

在土地整理过程中，其中所涉及的许多工作都是建立在测绘工作的基础上，比如拆迁安置、旧城改造、权属调整和区域规划等。在土地整理的开始到结束，测绘技术必不可少，一些原始和基础的资料，比如测绘图纸和测量数据都是土地整理工作离不开的。相比地形测量，土地整理测绘则更加具体、细致和全面，在技术方法运用上也更讲究，因为它会对工程运算的准确性产生直接而有效的影响，直接关系到工程行为的规范、决策的科学和投资的节约性。

测绘主要包括测量与地图制图。测量就是获取反映地球重力场、形状，以及地球上一些社会和自然要素的形状、位置、区域空间的结

[①] 李红举、林坚、阎红梅：《基于农田景观安全格局的土地整理项目规划》，《农业工程学报》2009 年第 5 期。

构和关系的数据;绘制地图则是指在分析、处理和综合这些数据和,再加以表达和利用的一种形式。

(一) 测绘技术在土地整理中的基础作用①

1. 为决策科学化提供基础信息数据支持

环境、资源、基础设施、公共设施、统计和经济等数据与信息的获取与共享是决策科学化的支持条件和根本依据。这些要素是理想的测绘必不可少的内容,并且一个理想的测绘需要反映整理区域内的地物、地形、水系、交通、人口等一系列的现状信息,并集中呈数据库,为决策部门提供信息数据。

2. 节约投资

土地整理所花费的人力、财力和物力都是十分巨大的,在工程的实施过程中要按照以概算控制预算、以预算控制工程决算的步骤严格进行,从一开始就十分注意使投资能够在允许的范围内做到尽可能节约。而为了实现这一点,就必须要有一套详细、精确的测绘成果,这一套成果要具有充分的现势性,要做到项目内的一切现状都能在这一成果上得到充分反映。测绘成果与投资的合理计算、方案的优化选择、概算的精确计算、准确的效益分析直接相关。

3. 规范工程行为

在土地整理过程中,规范的施工、验收和管护是必需的,而这一规范性的实现首先需要有科学合理的工程设计。土地整理的一切施工工作,施工单位都必须要严格按照工程设计来进行,而符合实际、合理科学的工程设计都离不开测绘技术的测绘数据和测绘翔实。

(二) 地籍测绘

地籍测绘指的是精确测定地块权属界线的界址点坐标,并将地块及其附着物的面积、位置、利用状况和权属关系等要素在图纸与表册上绘制和记录出来的一种测绘工作。地籍测绘的主要成果有地籍图、地籍册以及数据集等。

---

① 高向军:《论土地整理项目的科学管理》,《资源产业》2002 年第 5 期。

1. 地籍测绘是土地整理的基础性工作

地籍测绘可为土地整理的前期和后期工作提供精确和详细的地籍资料。必须要对土地整理项目区进行统一的规划和整理，使其同时具备统一性、规模性和整体性的特点。那么，在此情况下就必须要对那些不规则的土地权属界线予以打破，裁弯取直。在施工前要对项目区进行详细的地籍测绘，得到权属界线和各种地类界线的平面位置、地类面积、地块面积等数据，为土地登记和统计提供准确的数据基础，以保证整理后的土地重新确权定界。[①]

2. 地籍测绘的方法

土地整理的地籍图，其内容要求更为详细、数据要求更为精确、界限更为明确、比例尺也更大，它是在土地利用现状调查的基础上，进行修测、补充调查和补测后编绘的。现今，我国许多的土地利用现状图件和资料都不具备现势性，在精确度和翔实度上都比较欠缺，大多都是20世纪80—90年代土地详查成果。所以，在土地整理前要对项目区进行详细的地籍测绘和调查，确认土地使用者和所有者的签字和同意，在整理后要进行土地配置的确权、登记和发证工作，确保土地权属单位的合法权益，以此才能满足土地整理后权属界线的调整。[②]

（三）工程测绘

工程测绘是土地整理中可行性研究、工程规划设计、施工、财务预决算、质量验收和管理等一切工作的基础。按照工程测绘的顺序和性质，可将其分为测勘设计阶段的地形测量和控制测量、施工阶段的设备安装测量、施工测量、管理阶段的维修养护测量和变形观测等；按照工程测绘的建设对象，可将其分为水利、建筑、公路、隧道、铁路、桥梁、矿山、国防和城市等。[③]

---

① 高向军：《论土地整理项目的科学管理》，《资源产业》2002年第5期。
② 郝建新、邓娇娇：《土地整理项目管理》，天津大学出版社2011年版，第116—127页。
③ 樊彦国：《土地开发整理技术及应用》，中国石油大学出版社2007年版，第61—67页。

1. 工程测绘在土地整理中的应用

工程测绘技术贯穿于土地整理的整个过程和阶段，支撑了土地整理前期的设计、决策，中期的施工控制，后期的验收备案。

（1）前期决策、设计阶段。在前期的项目的可行性研究和规划设计中，要求工程测量提供项目区的村庄重建、地形地貌、旧城改造、退宅还耕、道路等基本信息；农用整理，工程测绘需要提供项目区农业基础设施状况、破碎地形地貌情况、各地类的空间布局与面积信息。工程测绘提供的这些信息直接应用于项目建设计划的审查审批、可行性研究、前期工程方案的工程详细设计、优劣判断、工程的经济指标的对比分析、土地开发控制、不同部门之间的协调、工程概（预）算的准确性等，为工程设计、城管、国土、环保、水利、农业、电力等部门提供设计、决策、监督、实施、协调等依据。

（2）中期控制阶段。工程测绘在这一阶段所起到的作用主要是：①项目监督控制的基础。城管、国土、农田设施监督管理、水利等项目监督部门负责项目施工质量的全程监督工作，要检验施工质量是否达标，就需要依靠测绘技术来获取有关资料和信息，然后进行分析后得出。土地整理项目的运作机制逐渐发展成熟，按照市场运作的要求，项目协调和监督控制工作将委托工程监理部门完成；②项目施工的依据。根据专业测绘单位提供的审批的设计方案、前期测量成果及设置的专门控制（界）点，施工单位进行施工，与此同时，施工单位还需要利用图纸和测绘技术进行对施工过程的指导，这样才能实现标准施工。[1]

（3）竣工验收阶段。项目竣工验收时，必须要对比工程测绘提供的项目竣工成果图和项目规划设计图，两者吻合才能验收。一般来说，对项目竣工成果图的测量精度要求较高，其内容也应更加完备，因为它不仅是项目竣工验收的依据，还是项目管护和运行的依据。

根据某省对于竣工验收的规定，其测绘成果图应包含以下几点内

---

[1] 樊彦国：《土地开发整理技术及应用》，中国石油大学出版社2007年版，第64—67页。

容：①测绘内容：电力线、灌溉渠、田块、绿化带、生产路、房屋、蓄水池、道路等的形状，并计算其面积；②采用 1980 西安坐标系、1985 国家高程基准；③采用 1∶2000 的比例尺进行测土；④基本等高距为 1m；⑤每块地（100m×400m）的范围内至少要有 8 个高程注记点；⑥每 100m 量注现状地物的宽度；⑦测量乡镇界；⑧提交成果：GPS 控制点、面积量算成果和测区 1∶2000 数字化地形图光盘等[①]。

2. 工程测绘在土地整理中的特点

在土地整理中，前期决策阶段对测量有着很高的要求。在这一阶段通过运用工程测绘技术，工程设计部门获取高精度的关于项目的各个图件和数据，为项目方案的效益分析、设计方案的制订以及设计概预算的编制等提供基础资料，具有下列特点：

（1）测量关键点。通常在进行地形的测量时，都是根据不同的比例要求布置高程测点，先整体然后再向局部展开，对先划定的点进行测量，其他点采用的是内插式。在成图后，根据测点进行等高线的标记和勾绘。在进行这一项工作时，不能出现太大的起伏，首先应假设点之间的变化平缓。但实际情况与假设会存在差距，特别是地形起伏较大的山区和丘陵地区，对此可以采用画密网格的方法来使精度得以提高。这种方式在前期测量中也多有运用，但它主要是对关键点进行测量，并不需要事先画定网格。关键点指地性线、边坎边、坡顶等，是高程趋势的变化点。

（2）坎上坎下均测。通常在地形测绘中只对坎的平面位置进行测量，而坎下的标高和位置却是忽略不测，这样一种情况下就很难给土地整理的设计及概（预）算提供准确的数据。所以，要特别注意细分各种土坎并进行测量，要明确表明每个坎脚线和坎顶的标高和位置。对于缓坡坎，由于它关系到土方计算的准确性，因此要注明坎底线和坎顶线的标高和位置。

（3）细部测量注明。细部测量只是为了提高测量精度，意思是指

---

① 樊彦国：《土地开发整理技术及应用》，中国石油大学出版社 2007 年版，第 57—61 页。

局部区域中详细的测量。细部测量较为详细，包括树木、坟穴、房屋的新旧程度和面积、容积率、人口密度、建筑密度等，是征地、拆迁补偿的计算依据。在旧城镇改造和旧城复垦中，细部测量显示着极其显著的作用，其主要表现在：①准确记录管线、水塔的使用年限和长度；②准确记录坟穴、树木、房屋的面积和位置、人口密度、建筑密度、容积率、位置与面积等；③为了便于选择设计方案，要详细记录庙宇、学校和旧村委会的信息。

比如某村进行土地整理和改造复垦项目，村子属于塬地类型，处于渭北旱塬，测绘技术对其要求为1∶2000的比例尺，独立坐标系，在1∶10000的地形图上量取定向点和起始点的坐标，采用1∶10000地形图上高程，所以测出来的地形图坐标和高程基本与万分之一地形图相近，并且在技术上要求测绘出高程方格点，角方格网内至少要有20个点，点间距不能超过40m。通过实际的测绘工作可以发现，村子的地形地貌复杂且通视困难，想要切实地反映当地的地形地貌特征用原来的技术是远远不够的，因此，在实际的测绘工作中，在原技术方案的基础上进行了一下修改：①对地形地貌较为破碎的地区进行高程点的测量，共计1700个点；②对地形平坦且通视良好的地区，高程点的测绘仍按方格形进行；③在测绘区域内埋设标石，共计6个；④量注窑洞、沟、陡的长、宽、高；⑤为了便于规划与施工，在图面上表示出居民地等地物以及一些必要的道路和房屋；⑥根据1∶10000地形图所标范围实地判读施测界址点及其范围，有的界址点落在沟底实地无法施测，将其移至沟沿。

二 3S 技术

3S 技术即为 RS（Remote Sensing，遥感）、GIS（Geographic Information System，地理信息系统）和 GPS（Global Positioning System，全球定位系统）的有机结合的统称。RS 技术在空间信息的获取和更新上发挥着重要的作用，它具有信息广、范围广和速度快的诸多优点，而 GIS 所需要的空间和属性信息都需要从 RS 中获取，这就决定了 RS 与 GIS 的结合。而 GPS 是 RS 的地面采样、定位和导向的工具，因此，

GPS 又在 RS 和 GIS 的发展中发挥了重要作用。由此可以看出,以 GIS 为核心的 3S 技术构成了一个强大的技术体系,它可以实现对空间数据的采集、分析、更新,为各种实际应用提供科学的决策咨询。[①]

(一) RS 技术

RS 的运载工具为卫星和飞机等其他一些飞行器,它是一种以量度目标性质和电磁能检测获取信息的手段,主要内容包括了雷达微探测、航空摄影以及多光谱扫描等。

空间信息采集系统、地面接收和预处理系统、地面实况调查系统以及信息分析应用系统共同构成了 RS 技术系统。

1. RS 片的特性

RS 片有红外、彩色和黑色三种相片,这些相片在识别方法上无较大差别;RS 采用的是红光、微波和可见光等波段进行测量;RS 片是辐射能在各种图像上的表现,可以从 RS 片的内容解释、分析和判读,实现对图像中的色彩、轮廓和线条对应的地表物的辨识。

2. RS 片的判读

RS 片判读具体分为两种,即计算机判读和目视判读。计算机判读主要是进行对各类地物对象的密度值的统计、运算、对比和归纳,并运用计算机图像处理技术实现判读;目视判读主要是依据判读者的判断思维,对识别对象的个别或特殊疑点进行推测和解释。

(1) 居民点、道路的判读。主要是通过形状对居民点和道路进行判读。通常形状较为规则的都为居民点,特别是在城市中;道路网主要包括公路和铁路,相片上公路色调为浅灰色或深灰色,弧线曲率小,而铁路为明显的弧线,颜色为浅灰色或灰色,乡村小道颜色较周围农田颜色浅,且弯弯曲曲。

(2) 地貌地形地势的判读。反射率小的相片色调深,反射率大的地物图像浅;在 RS 片上,都是通过观察色调阴影来判断地形地貌,色调淡且阴影宽则表示山坡平缓,色调暗而阴影窄则表示山势陡峭;

[①] 樊彦国:《土地开发整理技术及应用》,中国石油大学出版社 2007 年版,第 73—75 页。

主要是通过形状和色调判读水系，封闭曲线表示是池塘湖泊，自然弯曲而界限明显的则是江河。

（3）植被植物耕地的判读。在航片上，均匀灰色的影像通常为草地；色调均匀、界限明显的为耕地菜园；色调暗沉发黑且不均匀，有明显的植被轮廓的为水土保持林；随着季节的变化，植被影像也会发生明显的变化。

综上所述，RS 相片上地物都会有其独特的影像特征，通过这些特征我们可以判读和识别各种不同地物。

3. 技术的处理

技术的处理主要是通过计算机处理加之光学进行处理，将图像分成按行排列的小单元（称为像元），一个数字表示一个像元，即反映图像的物理量在该像元处的数值。这些数值构成的一个矩阵就是一幅图像，通过运算后输出按顺序排列的彩色像元点阵，最终完成彩色合成图像。

（二）GIS 技术

GIS 具有收集、查询、管理、操作和分析等诸多效用，表现出与地理相关的一些数据信息，是一个能为分析和决策提供重要的支持平台的计算机信息系统。在资源管理、土地规划、防灾减灾、交通管理、城市规划等诸多领域，GIS 都有所应用。

1. 信息获取

信息获取包括 GPS 测量、室内地图扫描数字化、数字摄影测量、野外全站仪平板测量、从 RS 影像进行目标测量和数据转换等内容。此外，空间数据应进行固定的数据更新维护，这是由于空间数据具有时效性，而实现 GIS 的真正实用价值的基础就是空间数据库中数据的完整、准确和及时。

2. 空间数据管理

主要包括空间数据模型和空间数据库两方面的内容。

（1）空间数据模型主要是为空间数据的组织和数据库的设计提供基本方法，表现的是现实世界空间实体以及它们之间的相互关系。在 GIS 中，共有三个信息模型与空间信息相关，即基于对象（要素）（Feture)的模型、场(Field)模型以及网络(Network)模型。当前,关于三维数据模型、分布式空间数据管理、GIS 设计的 CASE 工具以及时空数据模型等研究已成为国际上 GIS 空间数据模型研究的学术前沿。

(2)空间数据管理主要有扩展关系数据库的组织管理方式、文件系统与数据库的混合组织管理方式、有文件系统的方式以及空间数据库的组织管理方式等。

3. 空间信息的共享和互操作

现今社会,信息共享已经成了这个时代的标志,而在这个信息共享的时代 GIS 互操作的产生也成了必然。

GIS 互操作指的是能够动态实时地实现不同应用之间的相互调用,并且不同的数据集间有稳定的接口。互操作性要求具有不同数据格式和结构的软件系统集成共同工作。根据各种不同情况,GIS 互操作会有侧重点,而软件的互操作就是软件功能之间能够形成相互调用;而语义的互操作强调的是信息共享,是在一定语义约束下的互操作。

公共访问接口方式、采用公共交换格式方式以直接转换方式为主要的互操作方式。[1]

4. 空间信息的网络发布与服务

(1)空间信息的网络发布

通过运用互联网技术,将空间数据发布在 Web 上,也就是 WebGIS,是 Web 技术和 GIS 技术集成的产物。WebGIS 具有 GIS 中的部分功能,空间处理与地理信息的共享是其主要内容,它是在 Web 计算平台基础上进行地理信息处理和发布的网络化软件系统。WebGIS 技术随着地理信息互操作与 Web 技术发展,现在已经逐步发展成为能够实现地理信息互操作和地理信息 Web 服务的关键技术。目前 WebGIS 的产品比较多,如 Autodesk 的 MapGuide、MapInfo 的 MapXtreme、Intergraph 的 GeoMedia Web Map、我国的 GeoBeans 等。

通常,WebGIS 采用的是由应用服务器、客户端和数据库组成的

---

[1] 樊彦国:《土地开发整理技术及应用》,中国石油大学出版社 2007 年版,第 179—181 页。

三层体系结构，浏览器为其客户端。

WebGIS 的实现包括两个方面，即服务器端的实现和客户端实现。客户端的实现技术主要有：Plug-in 和 Java Applet 等，服务器端的实现技术包括 API、ASP、CGI 等[①]。

（2）空间信息的网络服务

Web 服务是通过 Web 发布、查找和调用的自描述、自包含的模块化应用。Web 服务执行包括从简单的请求到复杂的业务流程的任何功能。Web 服务一旦被部署后，其他应用（和其他 Web 应用）就可以发现和调用已部署的服务。

（三）GPS 技术

GPS 由美国研制，是现今技术以及实用性最为成熟的卫星导航和定位系统。GPS 里包含了先进的通信、微电子以及空间技术，其仪器设备精巧且价格低廉，具有定位精度高和全天候获取信息的优点，它本身具备的优势和特点使其受到世人的瞩目。

GPS 主要包括三个部分，即地面支撑技术、GPS 卫星和 GPS 接收机，分别负责地面监控部分、空间部分和用户部分。其中地面支撑系统和 GPS 卫星主要是由专门的机构投资建立、运行和维护，在正式投入工作后，它们就会持续不间断地进行导航定位信息的发送工作，以供无数客户共享。GPS 接收机为用户持有使用，主要分为天线单元和接收单元。

1. 天线单元

其组成部分主要为前置放大器和接收天线。前置放大器具有动态范围大、噪声系数小和增益高的特点，是天线单元的关键性部件。

2. 接收单元

其组成部分主要为存储单元、信号通道单元、计算与显示等单元。存储单元主要是负责各种计算结果、数据和原始观测量的实时存储，以便事后使用。信号通道单元主要是负责来自天线单元信号的接

---

① 樊彦国：《土地开发整理技术及应用》，中国石油大学出版社 2007 年版，第 171—173 页。

第二章 土地整理的理论基础与支撑技术

收,一般有1—12个通道,一个通道实时跟踪一颗卫星。

(四) 3S技术在土地整理领域的应用

1. RS技术

在气象观测、军事、水土保持、土地规划和环境检测等多个领域,RS技术都显示了其独特的作用。在土地整理中,RS技术发挥着土地利用现状信息获取和地物要素平面位置的采集作用。比如区域土地的宏观信息可以通过航天GPS技术获取得到,而这些信息是土地整理项目选址、潜力分析和开发整理规划工作必不可少的。此外,它还能获取微域土地的有关信息,以便于土地整理项目的可行性研究和规划设计工作。

图2-1表示的是利用RS相片,编制土地整理现状图的工艺流程(1:2000),在这种RS专题地图的编辑过程中,要综合运用到土地整理、制图和RS技术。

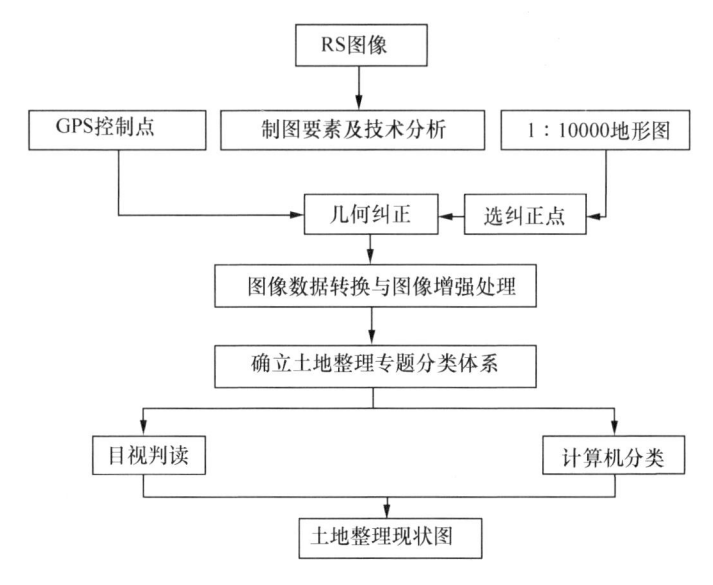

图2-1 土地整理现状图制作工艺流程[1]

---

[1] 樊彦国:《土地开发整理技术及应用》,中国石油大学出版社2007年版,第172页。

2. GIS 技术

在土地整理的过程中，会涉及很多的空间信息处理，对此，可以通过运用 GIS 技术来进行空间信息的分析和管理。根据 RS 资料与非 RS 资料，利用 MapInfo 等 GIS 软件，建立土地整理基础信息数据库（见图 2-2），以此能够更有效地实现项目的图件制作、规划设计以及成果输出。

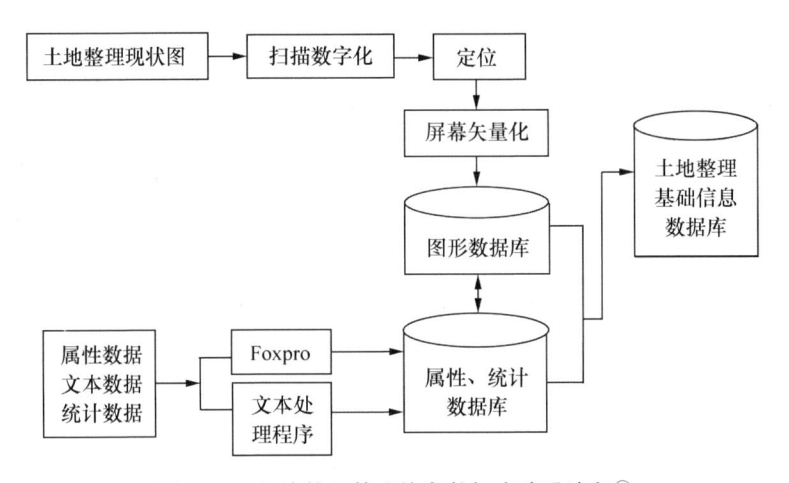

图 2-2　土地整理基础信息数据库建设流程①

3. GPS 技术

在土地整理中主要是用于定位。具体流程如下所示：

（1）选点

应将较为开阔的地方作为 GPS 测量站，同时注意要避免出现反射波对直接波造成破坏而导致站星距离误差的情况，即防范多路径效应。不宜将 GPS 测量站设在具有电磁波强辐射源环境和具有强反射的地面。

（2）网形设计和时段安排

运用 GPS 的静态相对定位方法，将土地整理区已知的水准点和三

---

① 樊彦国：《土地开发整理技术及应用》，中国石油大学出版社 2007 年版，第 168 页。

角点与欲观测的控制点连接构成 GPS 卫星定位网。网形设计要考虑各 GPS 测站的精度均匀，同时为了便于剔除和探测 GPS 的数据粗差并进行数据质量控制，还要考虑尽可能构造一些全局性的网环路以及区域性的子环路。

（3）外业数据采集

各台仪器应确保实时同步观测，而仪器观测的各个时段应按照总体网形结构要求，同时为了节省物力和人力，要注意各个时段的衔接。

（4）外业检核

在运用 GPS 技术完成了数据的采集后，要用随机软件进行基线计算。外业检验主要包括两个内容，即异步环检核和同步环检核。严格按照土地整理的要求来确定某一容差，当容差小于环路闭合差时，则表示环路中有一条或者是有几条基线存在粗差，而粗差的定位可以借助其他异步环来完成，之后再重新解算有粗差的基线，若是结算无效，则重测该条基线。

4. 3S 技术集成

（1）GPS 与 GIS 结合

利用 GPS 接收机的实时差分定位技术和 GIS 中的电子地图组成 GPS + GIS 的各种电子系统。在土地整理中，主要是用于工程测量、地球物理资源勘探、规划设计等一些陆地用途。

（2）RS 和 GIS 结合

GIS 能为 RS 提供一些图像处理所需要用到的辅助数据，从而使得 RS 图像分辨率以及信息量有效提高，进而提高其图像解释和处理的精度。而 RS 又是 GIS 重要的信息源和数据更新的手段，在 GIS 发挥着重要的作用。

（3）3S 技术的整体结合

3S 技术集合了 RS、GPS 和 GIS 三种技术功能，构成了集智能化、实时化和自动化为一体的 GIS。运用 3S 技术能够实时采集、处理和更新必要的空间信息，是分析动态地理过程的现势性和辅助决策的有效手段。

三 沉陷预计技术

在土地整理中,沉陷预计技术主要是负责解决填方高度、填挖方量和筑路路基的沉陷问题。[①]

(一) 沉陷高度预计

在填挖方过程中,填方要加膨胀系数,这是由于实方会变成虚方,通常砾土加35%、砂土加20%、黏土加30%。但是这样会使沉陷后仍达不到预计平整的要求,填高的部分要大大高于挖深的部分。对此,我们可以用以下办法解决:设土壤膨胀数为30%,在整个地面上铺上总挖方量10%的土,平铺的土层厚($H_{匀}$):

$$H_{匀} = \frac{总挖方量 \times 10\%}{总面积}$$

然后在每个填高角点加上这个 $H_{匀}$ 值,各挖角点减去这个 $H_{匀}$ 值,然后加上它本身原填高数的20%,即为计及土壤膨胀数值后的实际填挖数。

(二) 筑路沉陷预计

1. 预计公式

地层开挖造成的地表与岩层移动的这样一种力学和物理现象是十分复杂的。地下工程、采矿、地形和地质一起决定了交通线路沉陷规律。设在地下 $A(\xi,\eta,z)$ 处开挖微元体积 dv,在地面 $A'(x,y)$ 处的投影为 dA,总开挖体积 V 在地面上的投影区域为 D,设地下开挖空间曲面方程为:

$$z = z(\xi,\ \eta)$$

得到方向的地表单元下沉盆地:

$$W_E(x) = \frac{1}{r(z)} \exp\left[\frac{-\pi}{r^2(z)}(x-\xi)^2\right]$$

[①] 樊彦国:《土地开发整理技术及应用》,中国石油大学出版社2007年版,第176—178页。

$$W_E(y) = \frac{1}{r(z)} \exp\left[\frac{-\pi}{r^2(z)}(y-\eta)^2\right]$$

式中，地表主要影响半径为 $r(z)$。因为 x、y 方向的独立性，因此，可得到三维空间单元开挖引起的地表二维空间单元下沉盆地表达式：

$$W_E(x, y) = W_E(x) W_E(y) = \frac{1}{r^2(z)} \exp\left\{\frac{-\pi}{r^2(z)}[(x-\xi)^2 + (y-\eta)^2]\right\}$$

当进行 dv 微元开挖，由此引起地表微小下沉盆地表达式为：

$$dW(x, y) = W_O W_E(x, y) dA$$

式中，W_O 为地表最大下沉值。根据叠加原理可以推得道路路基下沉预计公式为：

$$W(x, y) = \iint_D dW = \iint_D \frac{W_O}{r^2(z)} \exp\left\{\frac{\pi}{r^2(z)}[(x-\xi)^2 + (y-\eta)^2]\right\} dA$$

于是，道路任意特征点 $A(x, y)$ 的下沉预计公式为：

$$W(x, y) = \iint_D \frac{W_O}{v^2(a_t\xi^2 + b_t\xi + c_t az)} \left\{-\frac{\pi[x-\xi]^2 + (y-\eta)^2]}{v^2(a_r\xi^2 + b_r\xi + c_r)}\right\}$$
$$\sqrt{1 + (2a_z\xi + b_z)^2}\, d\xi d\eta$$

道路任意点 $A(x, y)$ 沿任意方向 Φ 的倾斜变形预计公式为：

$$I(x, y) = \frac{\partial W(x, y)}{\partial W}\cos\Phi + \frac{\partial W(x, y)}{\partial y}\sin\Phi$$

道路任意点 $P(x, y)$ 沿任意方向 Φ 的曲率变形预计公式为：

$$K(x, y) = \frac{\partial I(x, y)}{\partial x}\cos\Phi + \frac{\partial I(x, y)}{\partial y}\sin\Phi$$

道路任意点 $P(x, y)$ 沿任意方向 Φ 的水平移动预计公式为：

$$U(x, y) = b\frac{\partial W(x, y)}{\partial x}\cos\Phi + \frac{\partial W(x, y)}{\partial y}\sin\Phi$$

道路任意点 $P(x, y)$ 沿任意方向 Φ 的水平变形预计公式为：

$$E(x, y) = b\frac{\partial U(x, y)}{\partial x}\cos\Phi + \frac{\partial U(x, y)}{\partial y}\sin\Phi$$

上述式中：b 为水平移动系数；u、v 为预计参数，a_t、b_t、c_t、a_r、b_r、c_r、a_z、b_z、c_z 为系数。

2. 预计内容

主要包括：信息采集，利用地下工程施工设计资料以及矿产资源开发设计说明书等，进行相关的信息整理和分析，包括确定地质（地层、岩性和构造）、地下工程（地下空间的大小、形状和位置）、采矿（采厚、采区界限、采宽和开采方法）、地形等参数，通过利用观测站、计算机模拟、P 系数法、相似材料模拟试验等方法，进行参数的求取；根据地下开挖的空间情况、交通线路沉陷与地质、地表与岩层的移动原理、地下工程、采矿、地形等条件之间的内在联系，预计地表临界变形区范围和地表沉陷区范围，同时预计路基横向及纵向的变形和移动值；根据地基承载能力对墩台地基的强度进行计算，验算墩台滑动和抵抗倾覆的稳定性，比较墩台砌体的容许应力和计算截面的应力；对边坡的稳定性进行验算，确定道路坡度是否在限制坡度以内，测算道路的反超高与超高情况，对圆曲线正矢进行验算，预计道路断裂和裂缝的范围、大小以及位置；检查排水道和涵洞边沟的坡度；计算岩柱塑料区和弹性区宽度，利用三向受力和单向受力状态计算法计算矿柱的实际荷载以及极限承受荷载，确定矿层深厚比以及岩柱核区率、宽高比，分析和验证岩层的稳定性；根据有关规程要求和线路变形与移动的预计结果，对道路的沉陷破坏程度进行分析和评估，对严重破坏的地段及变形和移动的最大值进行预计，制定防范措施，避免安全事故发生。

四　农业技术

（一）应用于水土保持

主要是通过改变栽培和耕作方式等耕地措施来保持水土，达到增加地面被覆、改变微地形和土壤理化性状，以实现水分下渗的增加和防止径流汇聚的效果。

（1）主要是改变地形，比如横坡种植和垄沟种植等。

（2）主要是增加地面被覆，如间作套种等。

（3）促进土壤结构优化，增加入渗能力的耕作措施。

（4）既可实现小地形的有效改变，又能增加地面植被，如草田带状间作等。

（二）应用于盐碱地治理

1. 耕作栽培

（1）滨海盐碱地耕作技术

滨海盐碱地从海退地发育而来，会经历自然脱盐的过程，而这一过程较为缓慢，由于此地有较高的矿化度，地下水埋深浅且底土中含有大量盐分，因此，极易发生返盐。而为了促进脱盐的有效完成，就要建立起肥沃疏松的表土层并进行有效的维护，而这也正是一项在滨海盐碱地耕作技术中必须要遵循的准则。

开垦耕作：主要是对以茅草和芦柴为主的草滩进行开垦，其耕作的深度最好是要大于有机质层1—2cm，为了便于伏雨淋盐并实现草根的迅速腐烂，最好是将耕地选为伏垦。[1]

熟地耕作：主要是进行心土的疏松并维持表土不改变，逐年加深耕层。对于土质黏重的土地要进行细耕和深耕，而土质较轻的土地要浅耕和少耕。在耕地后要适当地耙地，为保墒和防止返盐，要在雨后适时耙地。不宜带湿耕作、烂锄、烂耙、烂耕。

（2）东部季风区盐碱地耕作技术

东部季风区盐碱地的盐碱大多集中于表层，通常具有底土盐碱轻，土壤肥力差，地下水矿化度低，结构差等特点，在春秋干旱季节时跑墒返盐时有发生。在本区主要是晒垡养坷垃和适时耕耙。

秋耕：对麦田或腾茬早的大秋地在雨季后，在盐分回升前，应尽早进行耕翻使土壤毛细管切断，使土壤盐分不能上升，同时还要进行

---

[1] 叶艳妹、吴次芳：《可持续农地整理的理论和方法研究》，中国大地出版社2002年版，第176—179页。

深耕。

冬耕：对腾茬晚的留春地一般都进行冬耕，并立垡过冬，开春再顶凌耙地造坷垃。因有充分的时间冻融风化，冬耕可比秋耕适当加深。

春耕：主要是针对那些地表过湿不能冬耕的地，耕地时间要仔细把握，不能太晚但也不能过早。由于春季时风大且降水量少，蒸发量大，因此适宜浅耕。

伏耕：黄淮海平原地区由于麦收的时间与夏种的时间紧紧相邻，所以时间较为紧迫，而通常在此时气温都较高且蒸发强，墒情较差，对此不具备灌溉条件的麦田可进行犁耕灭茬，在经过稍微的晾垡后耙地或随耕随耙，抢墒播种。苗出后采取培垄和深中耕等措施，疏松土壤，使伏雨淋盐效果更佳。

耙地造坷垃：对已进行耕翻的土地，为实现防盐保墒，就要考虑其土地的类型、盐碱度、墒情和土质并进行适当和适时的耙地，确保大小适宜的坷垃。土质较黏的盐碱地，耕后进行晒垡，在垡面逐渐"发白"而里面尚潮润时就耙地。盐碱地若为砂土质，在耕地后晒垡至垡块棱角于后即可耙地。

（3）西北干旱地区耕作技术

西北干旱地区的耕翻深度通常为25—35cm，若是耕翻过深则收效和经济效益就会较小。但是若为了穿透碱化层和黏土隔层，就地翻黏压砂、翻砂压黏，则可适当地增加耕翻深度，此外也可以在犁后装上松土齿，采取下松（15—25cm）、上翻（25cm左右）。在进行深翻前要增施有机肥，秸秆还出或翻压绿肥，在深翻后及时耕耙，促进"上盘、中实、底暄"的耕层剖面的形成。

2. 培肥改土

通过种植绿肥、秸秆还田、施农家肥、客土压砂、适期翻耕等一系列技术措施，实现培肥改土。

3. 调整用地结构，园地种植，选育耐盐作物

（1）调整用地结构

从当地的劳动力资源、水、土、肥等实际情况出发，对农、林、

牧进行适当合理的调整，走集约经营之路，同时为植树造林辟出更多土地以种植更多的绿肥牧草，进一步优化农林牧用地结构。

（2）因地种植边利用边改良

因地种植，不同的盐碱地情况不同，应选择种植与其相适应的品种。作物种类、盐碱类型、生育阶段、土壤肥力等一系列因素都会对作物耐盐能力造成不同程度的影响。所以，要根据各种不同的条件和因素，选择适宜耐盐作物种植，同时在利用中不断改良。

（3）选育耐盐品种

可以通过抗盐作物品种和粮棉等作物品种杂交得到，此外，还可以到盐碱地区现有的栽培物种中去选育，这种方法更加简单而直接。

（三）应用于风沙地治理

1. 耕作方法

（1）深松

在秋季或是春季时进行深松，大约25—30cm，主要是为了可以保留残茬，使土面达到一定的粗糙程度以防止和减轻风蚀，打破犁底层，促进土壤理化性质的有效改善和土壤的微生物活动，起到促进土壤的肥、气、热、水等状况调节的作用。

在风口地，通常都应选择具有较强抗旱性的作物，比如荞麦和谷子等。要尽量避免在风期进行耕种，可适度晚种，要少种或不种南北垄，尽可能种东西垄。

（2）轮耕

第一年平翻，第二年再耙茬，最后在第三年时注意深松交替进行，这样可以达到使用地和养地两者结合的效果，能够有效降低生产成本，同时还能起到增产的作用。

2. 轮作方法

粮油草轮作制能够促进农业生态恶性循环向良性循环转变。在耕地上种植油料、粮食和绿肥作物，实行草田轮作，可以使绿肥作物增产的作用得到有效发挥，使粮油作物实现增产，此外，还能提供家畜充足的饲草，有利于发展畜牧业。

通过改良且产量较高的耕地在进行粮油草轮作时,要在油料作物和粮油作物之间进行轮作倒茬,3—4年为一个轮作周期。①

对于肥力较低,处于中下等水平的田地,通常采用的是一草二粮的三年轮作周期和一草三粮的四年轮作周期,在三年轮作一草二粮中有一个周期是种玉米,在四年轮作一草三粮中有一个周期是种玉米。

对于土壤肥力较低的地段,通常可以种植多年生牧草绿肥(沙打旺),以进行草田的有效管理,其轮作形式主要是种4—5年草后再改种一年或二年粮油作物,改良低产田并进行合理利用。

(四)应用于沼泽涝渍地治理

1. 垄作

垄作这一种耕种措施具有松土、抗涝、增温、保墒、防渍等多种作用,能够有效治理沼泽涝渍地土凉和土湿问题,对土壤起到水热状况的调节作用。这在我国北方的封底和涝渍地采用较多。垄作的基础是深翻,并且与深翻深松构成涝渍地耕作的两个基本环节。

2. 旱改水

水稻的特性是喜湿耐淹,旱改水就是利用这种特性,在土壤黏重并且水源充足的涝渍地区,将旱田改为水田,促进增产并起到滞涝的作用。

3. 其他措施

(1)施磷肥和钾肥,促进土壤养分组成的有效改善。

(2)建立农田防护林,防风蚀,进行生物排水,促进田间小气候的有效改善。

(3)可视其水源和地形状况,建鱼池发展水产或者是在涝洼地发展芦苇等耐水作物的种植。

(五)应用于干旱地节水

主要是采用农业节水技术以促进作物土壤水分利用率的提高,并减少土壤的非作物消耗水量。

---

① 叶艳妹、吴次芳:《可持续农地整理的理论和方法研究》,中国大地出版社2002年版,第178—179页。

1. 提高土壤保墒能力，减少土壤水分的无效消耗

主要是营造农田防风林网、耕作保墒和地膜覆盖保墒，使土壤的水分蒸发有效减少。

2. 改善土壤物理性质，增强蓄渗能力

翻压绿肥、深翻改土和施用有机肥等。

3. 调整作物结构，选种耐旱作物，减少用水量

在水源不充足的干旱地区，应该要实现广阔的耕地种植，最大的限制因素为水源。应根据不同作物的耐旱特性选择耐旱作物，减少灌水量，增大灌溉面积，使有限的水能够得到充分利用，同时实现增产。

作物在耐旱性方面的表现各有不同，水分对其产量的影响程度也不同，并且同一作物在其不同的生长阶段对水的敏感程度也各有不同。经过有关专家的调查研究，提出了一个定量描述作物产量的降低量与作物蒸发量的亏缺量之间的关系式：

$$1-\frac{Y_a}{Y_p}=K_y\left(1-\frac{E_a^c}{E_p^c}\right)$$

式中　Y_a——作物实际产量；

Y_p——作物潜在产量；

E_a^c——作物实际蒸发量；

E_p^c——作物潜在蒸发量；

K_y——作物产量的缺水敏感系数。

4. 改进栽培技术、减少灌溉水量，提高肥水效益

根据作物耐旱性选择耐旱品种，合理调整作物播期，改革作物栽培制度，提高肥水效益。

（六）种草技术

1. 常规播种

（1）点播。适用于坡地，按照品字形成点布置，用锄头挖穴，然后下种覆土。

（2）撒播。人工均匀撒播种子，再采用耱、耙、石滚子碾的方法

用土覆盖和镇压。

（3）条播。先用锄头在田地中锄开大小适当的沟，然后将种子溜下沟中并用土覆盖。

（4）耧播或机播。主要是针对面积较大且地势平坦的地区，要把握好播种时的深度和量。

2. 飞机播种

飞机播种具有效率高、速度快、节省人力的优势和特点，并且它能到达交通不便、人力不及的地方。

3. 封沙育草

主要是沙蒿的营造，它是一种菊科半灌木状多年生的草类，具有防风固沙的特点。现在主要是作为用来防风固沙的风沙地造林的活障蔽，能够起到湿润沙地和阻击雨雪的作用。在沙蒿长成后，再栽植乔木，培养大片林草。

第三章 土地整理系统与模式

土地整理系统是指土地与土地整理活动之间相互联系、相互作用形成的一个有机整体,它主要包括待整理土地、参与者、资金、技术以及外部环境几大要素。本章主要探讨了土地整理系统与模式相关内容,并列举和分析了一些国内外土地整理模式的分类方案。

第一节 土地整理系统与模式的内涵

一 土地整理系统内涵界定及分析

(一)土地整理系统的内涵

在特定的时间和区域内,土地整理活动与土地的互相作用和依赖相结合而构成的具有特定功能的有机整体,我们将其称为土地整理系统,主要包括三大要素,即土地单元、土地利用方式和土地整理方式。土地单元是土地整理行为结果的载体,是由人类活动、地貌、地质、气候、植被、土壤、岩石、水文等共同构成的自然以及经济的复合体。土地利用方式是指在现有的自然、经济和社会条件下,按一定经营管理的技术指标加以详细规定和描述的土地利用类型,它与土地利用方式共同构成了土地利用系统。这种土地利用系统在利用率和产出率上都明显较低,表现出一种低效均衡的状态,因此与其他一般的土地利用系统有着明显的差别。而这种低效均衡是由于土地利用过程中的田块形状破碎、不规则、灌溉设施不足和产权分散等诸多原因造成的。土地整理方式就是围绕着这些土地利用过程中的诸多问题而具体展开的解决措施和活动,主要是投入一定的劳动力、资金、物质与能量，改变土地利用的熵，使土地利用系统逐渐向高效与非平衡状态的方向转变，并且土地整理方式与外部环境之间有一定的相关性，会对外部环境造成影响。下图为土地整理系统的构成（见图3-1）。

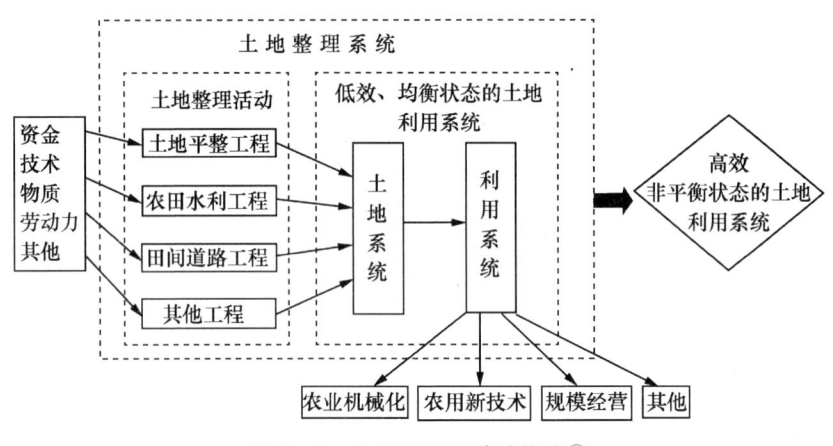

图3-1 土地整理系统的构成①

（二）土地整理系统构成要素分析

土地整理系统中主要包括以下几大要素：

1. 土地整理行为的载体——待整理土地

待整理土地通常都是在土地利用中其本身具有某些限制性因素，目前利用基本合理，或不能满足、基本满足社会经济发展要求的仍存在某些缺陷和不合理的土地。待整理土地大致可以分为农村居民用地、城市建设用地、耕地以及低产田园等几种类型。对于待整理的农村居民点来说，通常存在的不合理现象表现为人地用地量超标、分布散乱、建筑容积率较低等，另外还表现为村内的供水、供电、道路和通信等基础设施落后，种种问题最终导致农村居民生产、生活水平差。待整理耕地通常存在的问题表现为田块形状破碎、不规则、土地凹凸不平整、灌溉设施落后、不完善和道路不健全等，这些问题最终导致耕地生产力低下。土地整理所采取的一切措施和手段都是针对待

---

① 高向军：《土地整理理论与实践》，地质出版社2003年版，第31页。

整理土地，目标是为了更好地改善土地的利用条件，促进土地利用方式的合理化以及利用结构的最优化。

土地整理行为会给待整理土地带来不同程度的、不同方面的影响。比如对农村居民用地来说，土地整理通常可以实现土地利用效率的有效提高，改善人们的生活环境和生活条件；对于城市建设用地，则可以大大提升其价值；对于待整理耕地，经过土地整理后通常可以增加耕地面积以及提高耕地的生产力，并使产权关系更为明确和清晰，但事实上这种影响是站在长远角度来考虑的，在短期内它会给耕地带来一些不利影响，比如大型机械设备的使用扰乱熟土层，造成耕地生产力的短期下降，农民的收益也会降低。

2. 土地整理行为的实施与受益者——参与者

具体来说，土地整理行为的参与者包括农户、企业、政府机关以及一些农村集体经济组织，同时他们也是土地整理行为的实施者和受益者。

出于不同的整理目的，受益者和参加者会有不同。比如耕地整理，其整理区域内的农民、国家或地方政府是其参加者，而农民是土地整理行为的直接受益者，国家是间接受益者。这是由于在经过土地整理后，其整理区域内的耕地的生产能力显著提高，作物产量增加、生产成本降低而净产量增加，农民收入明显升高，因此，农民从土地整理中直接受益。而经过土地整理有效实现了耕地总量动态平衡，且在土地整理的开展过程会涉及各个与土地整理相关的行业，可以有效促进行业和经济发展，因此，国家从土地整理中间接受益[1]。

3. 土地整理行为实施的保障——资金

土地整理能够实现土地利用系统由低效平衡态向高效非平衡态转变，是一项扩大再生产形成新的生产能力和固定资产的需要花费大量资金的投资建设活动。资金是土地整理行为实施的重要保障。

根据国外一些土地整理的实践经验，可将其资金来源主要分为以下三个方面：土地整理区域的所有人、参与土地整理的企业以及中央政府和地方政府。据统计，农村的土地整理项目的投资主体通常都是

---

[1] 高向军：《土地整理理论与实践》，地质出版社2003年版，第34页。

国家，在我国大陆和台湾地区其投资金额分别占总投资的60%—80%，德国为80%，日本为90%。最直接用于土地整理的资金主要是"耕地开垦费"和"新增建设用地有偿使用费"，除此之外，也还有其他一些与土地整理相关的税费收入，以及农业方面一些可以用于与土地整理相关的投入资金。

4. 土地整理行为实施的手段——技术

这里的技术是指内在物化和人化的技术，它贯穿于土地整理的始终，不管哪种土地整理系统的演化都离不开科技手段的运用。

耕地整理过程中实施的工程主要包括农田水利工程、田间道路工程、土地平整工程和其他工程。农村居民点的整理主要包括公共设施配套工程、建设用地规模改造工程以及基础设施健全工程等。这些工程会涉及土石方开挖与回填技术、平整土地技术，旱、盐、碱、洪、涝等进行综合治理技术，建筑物改造和排灌渠系统技术等等。此外，在土地调整后，还会因产权调整而涉及块地分配和测量勘测等技术。

5. 土地整理行为的影响者——外部环境

这里所指的外部环境是指在土地整理系统外的，对土地整理行为可产生直接和间接影响的社会经济因素和自然因素的总体，它与土地整理行为互相影响。

外部环境的差异会对土地整理的实施工程和具体方向造成直接的影响，比如就目前西部地区而言，其生态环境较为脆弱，它面临的主要问题是西北干旱区水资源短缺以及粮食需求与生态退耕之间的矛盾。而为了有效缓解和解决这些严峻问题，应该要积极展开土地整理活动，主要是提高水资源利用率和改善生态环境。东部沿海地区较其他地区而言，它具有技术、地理区位、经济和市场等诸多方面的优势，而合并块地和增加耕地面积这些较为初级的土地整理水平并不能满足其社会经济发展需求，因此，应面向市场，以建立生态农业等高标准的农业为目标，进行深层次的土地整理，并运用技术和经济方面的优势，促进土地利用结构的优化发展。[①]

[①] 杨庆媛：《土地整理目标的区域配置研究》，《中国土地科学》2003年第1期。

土地整理行为也会对外部环境造成直接或间接的影响。在实际的土地整理中,一些生物、工程措施是必不可少的,而这些措施的采用通常会对区域内土地资源的原位状态造成一定的破坏,直接或间接地对土壤、水资源、植被、生物及其生态过程造成影响,这种影响可能是有利的,也有可能是不利的、有危害的。此外,土地整理还能够有效缓解人多地少的矛盾,增加农民收入,减少因产权问题引起的土地纠纷问题,进一步实现农村社会的稳定发展,同时促进农村区域经济的健康发展。

二 土地整理模式的内涵及分析

(一) 土地整理模式内涵

在最早的汉语字典《说文解字》中曾对"模式"解释:"模,法也,从木;式,法也,从工",在这里"模""式"最开始指的是不同行业的法规和规则。在今天,"模式"一词已经不再仅限于此,它被赋予了新的且更加丰富的内涵。查有梁认为,模式指的是一种科学思维和科学操作的重要方法,也可以说是解决某一特定问题的思维方法,是问题的解决过程,是一个思维过程。若是站在语义学角度,模式指的就是"法式、规范、标准,或事物的标准样式",在《辞海》中,模式意为"范型,一般指可以作为范本、模本、变本的式样"。

在科学研究领域中,模式指的是通过运用系统论的方法,对系统内诸要素的联系方式及其构成所进行的概括,也就是按照一定的关系由互相联系的要素所组成的一定表现形式。

在土地整理中,资金、技术、土地和劳动力等各要素互相影响、互相联系,并共同构成了土地整理系统,而土地整理模式就是指这些要素在特定的时间和区域内,按照一定的组合规律所组成的一些表现形式。

(二) 土地整理模式的特征

1. 整体性

土地整理的其中一个系统属性就是整体性。土地整理系统由多个要素共同组成,其中待整理土地的自然属性、整理过程中社会经济系统和资源环境系统的密切联系性决定了其模式的系统整体性。

土地整理规划设计理论与实践研究

在土地整理系统中，待整理土地的属性以及环境居于系统的核心位置，是整个模式的存在基础；土地整理需要投入资金、物质、技术和劳动力，由此对待整理土地的结构、效率和效益进行有效改变；各管理调控要素对于特定模式的形成与演变来说都是必不可少的，会发挥或大或小的影响力和作用，而总的来说就是对资源利用中的人与自然的关系进行协调并营造出公平有序的社会环境，促进资源的高效合理利用（见图 3 - 2）。

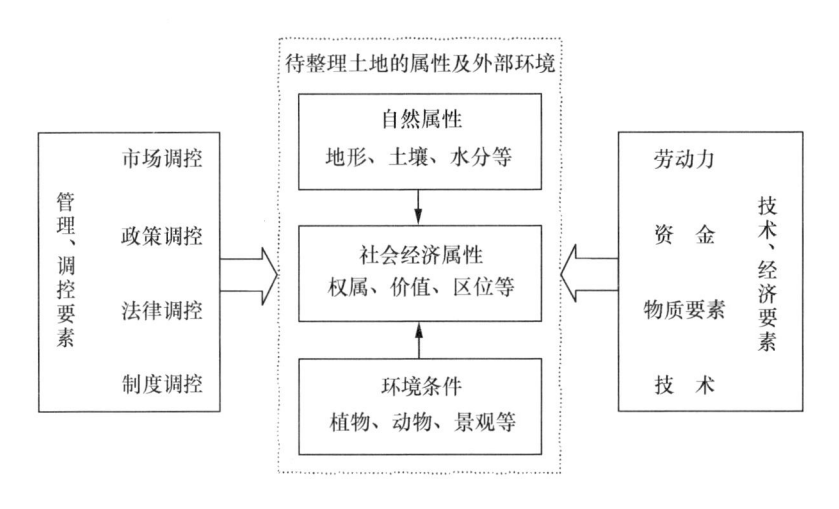

图 3 - 2　土地整理模式的整体结构[①]

在土地整理系统中，任何一个要素的变化都会引起其他要素乃至整个系统的结构和功能的变化，甚至会导致一种组合方式演变为另一种组合方式，随即引起土地整理模式的变化。

2. 地域性

地域性是土地整理模式的空间属性。不同地区必然会存在着土壤、水文和气候等方面的差异，而各地区的土地利用结构与方式由其地区的气候和土壤条件所决定，并形成与其地区相适应的、具有某种

[①] 杨庆媛：《土地整理目标的区域配置研究》，《中国土地科学》2003 年第 1 期。

地域特色的土地整理模式。

不同的地区还存在着社会传统文化以及经济发展水平等方面的差异,而这种差异对特定土地整理方式的调控能力和接受程度起着决定性的作用。此外,特定的社会经济条件是土地整理活动的重要背景和基础,因此,社会经济条件也是导致土地整理模式地域差异的一个重要因素。

3. 阶段性

阶段性是土地整理模式的时间属性。某一特定的土地整理模式是在自然、社会和经济等因素长期作用下形成的。而土地整理的阶段性则是指由于自然条件以及社会经济的发展变化造成模式中自然、社会和经济等因素的改变,进而形成土地整理模式内容、目标、功能、结构以及复杂性和多样性的变化,呈现出一定的阶段性。土地整理模式的结构和功能会经历由单一到复合、简单到复杂的发展和演变过程,其范围也会从平面向立体转变,这是由土地整理在不同阶段追求的不同目标和内容等共同决定的①。

(三) 土地整理模式的分类方案设计

根据土地整理模式的特征以及构成要素,提出包含4级指标的土地整理模式的分类方案(见表3-1)。

第一级为土地整理地域特征指标(Ⅰ)。

自然特征以及经济社会特征是考量土地整理模式的地域特征中所必不可少的两大因素,两者综合反映了土地整理模式的空间属性。不同的地区,表现出在土、气候、植被和水文等方面的地域性的差异,这也就造成了土地利用方式和特征,以及其中限制性因素的差别,这些也是土地整理方向的决定性因素。不同的地区,在社会经济发展水平方面也会有所不同,因此,在土地整理过程中对于资金、技术以及管理等方面的投入也会有相应的差异,这些都是土地整理行为的重要影响因素。

---

① 郧文聚:《土地开发整理项目可行性研究与评估》,中国人事出版社2005年版,第77页。

第二级为待整理土地利用类型指标（Ⅱ）。

土地整理活动得以开展的重要载体是待整理土地，其中就包含了其区域内的水、土、光、热等自然因子条件以及各种设施、设备等人为条件，而待整理土地利用类型就由这两者共同组合构成，体现出土地整理模式的功能结构。待整理土地利用类型的差异，造成土地整理的措施和目标等方面的差异。

第三级为土地整理目标指标（Ⅲ）。

在不同的社会经济发展水平以及自然地域条件下，人们对于土地整理所抱有的预期是不同的，土地整理目标体现出土地整理模式的指向。

第四级为土地整理运作方式指标（Ⅳ）。

土地整理的运作方式可以通过土地整理的资金筹集方式以及经营方式来反映。土地整理活动得以开展的重要保障为资金的投入，经营方式为土地整理的组织形式，而要想实现土地整理的生态效益、社会效益和经济效益，就必须要具备良好的资金筹集方式以及经营方式，而这也有利于建立起良好的责、权、利相结合的经济责任。这些都会使土地整理过程中各要素的匹配发生差异，进而引起模式的变化。

表3-1　　　　　　　土地整理模式的系统分析方案①

级别	Ⅰ		Ⅱ	Ⅲ	Ⅳ	
指标	地域特征		待整理土地利用类型	土地整理目标	土地整理运作方式	
	自然经济（I₁）	经济发展水平（II₂）			资金筹集（Ⅳ₁）	经营方式（Ⅳ₂）
可能出现的类型及其组合	东南沿海区环渤海区东北区中部区……	经济发达经济欠发达	基本农田种地农田低产田园农村居民地……	增加耕地面积提高耕地质量改善生态环境综合目标……	国家投资中外合资联合投资……	国家组织集体组织公司组织土地入股……

① 郧文聚：《土地开发整理项目可行性研究与评估》，中国人事出版社2005年版，第79页。

第二节 国内外土地整理模式分类方案

一 国外土地整理模式分类方案

根据前文所提到的土地整理模式的分类方案,对国内外土地整理进行分析和归纳。由于地域特征难以进行归纳,因此从第二级指标开始进行分析。

(一)待整理土地利用类型(Ⅱ)

1. 利用中存在问题的农用地

对于农用地整理,国外多是对利用中出现的问题采取措施进行改良。在德国,其不管是常规性的、简化的还是快速的土地整理方式,都是针对利用中的问题进行改良。比如常规性的土地整理中,就是针对其区域中的某些在农、林业生产和作业中表现出的一些限制性因素,如水利设施不全和道路通行不便等采取措施进行改良,实现生态效益与社会效益的协调,并为农村的进步发展提供有利条件。而简化的土地整理可能只是针对某一方面进行整理,其内容较为狭窄。比如采取某些土地整理的措施和方法,克服在铁路以及水利等修建或改造过程中对于农田基本条件造成的不利影响。此外,这种模式也多适用于景观、自然环境保护计划。[①]

2. 建设项目

建设项目,指针对在项目建设过程中引起的问题而采取的整理措施。德国的项目土地整理方式主要是针对建设项目而开展的土地整理。主要有三个基本目标:通过采取一种土地负担均衡措施,也就是将在水利、公路以及铁路等建设中被征用的土地分摊给较大范围内的地产所有者负担,以避免部分土地所有者的土地被建设项目征用时,生存基础受到威胁;实施建设项目土地征用计划;减轻或彻底消除在项目建设中引起的农业用地条件方面的不足以及缺陷。

---

① 郧文聚:《土地开发整理项目可行性研究与评估》,中国人事出版社2005年版,第34页。

3. 农村居民点用地

在国外，针对农村居民点的土地整理较为重视农村自然景观的维持和保护以及生活环境的改善。比如在德国，注重村镇的公共设施与交通设施建设，强调恢复闲置房屋和旧房屋的利用价值，通过有效措施实现自然、社会和经济的三者统一与协调。

（二）土地整理目标（Ⅲ）

1. 改善农业经营条件

在各个国家的土地整理中，一个较为明显的趋势和方向就是通过土地整理来改善农业经营条件，进而提高农林经济生产水平。在德国，根据《土地整理法》，其乡村土地整理的目标主要是采取措施改善农林业经济的生产、作用条件，促进土地开发以及土壤改良。在土地整理前，其普遍存在着农田形状破碎、水利设施不全、道路通行不便等诸多问题，而经过土地整理后的农田地块面积扩大且形状更为规则、农业基础配套设施也更加完善等，这有效改善了农林业经济的生产和作业条件，提高了农林企业生产经营的经济性、生产力和竞争力。

2. 为城市建设和大型基础设施建设提供用地

随着社会经济的发展，建设用地与城市用地的需求量日益增加，对于土地的需求已经超过了以往需求总和。而为了适应这一城市化和工业化的发展要求，增加用地，就必须要通过土地整理来实现。这时的土地整理主要是为了满足大型基础设施建设以及城市建设的用地需求而进行。

3. 提高农村居民生活质量

国外的土地整理主要是为了保护农村的自然景观，以及改善人们的生活环境。比如在德国，其村镇改造的措施主要是增设娱乐场所、绿地等公共设施；修建和健全步行区、人行道等交通设施；对村庄内部分闲置和旧房屋进行修缮和改造，使其重新恢复利用价值；进行自然景观等塑造和保护等。通过这一系列改造工作有效改善和提高人们的生活环境和生活质量，并维持和保护村镇的自然环境和景观，努力达到农村自然、社会和经济的有效统一。俄罗斯在土地整理中，主要是站在发展的角度上对农村居民点体系进行布局，力求实现农村城市化，使农村内的各类建筑占地合理、位置合理，能够适应社会经济发展，利于环境保护。[①]

4. 保护景观和生态环境

通过土地整理来改善农林业生产和作业条件，虽然能够促进农业大规模的发展，但是就其生态环境方面来说，它产生的影响可能是消极的、负面的。比如破坏生物栖息地，导致物种的丧失。因此，为避免生态环境破坏以及因生态环境而产生的一系列消极影响，土地整理中将生态环境保护列为了一项重要内容，以期能够通过土地整理来实现经济与生态环境的协调统一。比如在德国，其乡村土地整理中就针对农田的生态价值以及一些有价值的自然生态因素采取了保护措施。比如尽量保持生态多样性以维护土地的自然生产力。

（三）土地整理运作方式（Ⅳ）

1. 资金筹集方式

在国外，基本上已经形成了多元化的土地整理资金筹集方式。在德国，其资金的筹集主要是采取乡镇资助联合、参加者负担和政府拨款的方式。土地整理的费用主要包括程序费用以及实施费用。程序费用主要由国家负担，是指规定的行政和管理组织的人员工资和业务经费，其中包括土地整理局有关技术设备的使用费、土地整理过程的行政办公费、专业评估费、在自愿换地项目中的辅助人员费用、在快速土地归并项目中的委托费用等。实施费用主要由参加者联合会承担，是指为实施土地整理项目而发生的费用，其中主要包括水渠和道路等公用设施的改造、安装以及修建费用、参加者没有负担的土壤改良以及土地修整费用、在移交给新的管理机关以前的公用设施的维护费用、参加者联合会的业务费、没有依据有关法规由参加者联合会以外的其他单位组织实施的水利投入、土地测量和标界与评估中发生的辅助费用，以及根据《土地整理法》第 36 条、第 50 条和第 31 条发生

---

① R. S. De Groot, M. A. Wilsona and R. M. J. Boumans, "A TypologY for The Classifieation, Description, and Valuation of Ecosystem Functions, Coods and Services", *Ecological Economics*, 41, 2002.

的货币补偿支出、货币平衡支出和赔偿支出。

乡镇政府可以自愿为土地整理承担贷款利息和提供资助，以适当减轻参加者和参加者联合会的负担。由于在土地整理中道路以及水渠等公用设施的修建工作将交给政府，因此，这种自愿也应该看作是应该的。

在俄罗斯，其土地整理的资金筹集主要是采用联邦政府与订户联合的方式。其经费来源主要是订户、联邦主体预算以及联邦预算。按照订户要求所进行的用地整理、农用地改良、现场划界及防治盐碱化、泥石流、滑坡和其他土地整理工作，由订户负责支付，订户可以是个人、国家和公共企业、机关、地方自治机构，也可以是国家管理机构。列入联邦和区域纲要及联邦所属土地的设计勘测工作由联邦预测列支。根据地方自治机构、国家政权执行机构及管理机构决议的设计勘测工作由各级预算中土地有偿使用收入以及国家对农业生产损失补偿费支付。

2. 经营方式

在国外，其采取的主要是政府与整理区域中的农户联合的经营方式，并且农民在这一过程中发挥积极作用。德国的土地整理是由土地整理局进行指导的一项经济活动，执行单位是参加者联合会，由土地整理期间的全部建屋权人和土地整理区域内的全部地产所有者共同组成，该组织的权利代表是其通过民主选举产生的理事会。此外，一些公用利益的代表机构，如农业协会和乡镇政府等也应参加到土地整理程序中去。土地整理局通过制定相关技术规则和规章制度来组织、指导土地整理工作，同时还要对参加者联合会的活动以及土地整理过程进行监督，并承担执行有关法律规划和有效使用土地整理经费的法律责任。在土地整理中，参加者联合理事会代表全体参加者的利益，主要负责的是相关经费的使用和筹措；公用设施的维护和建设；土地的改良以及完成土地整理局不承担的其他任务，参加者联合会承担除了各种补贴和资助以外的其余的土地整理费用。

俄罗斯土地整理是根据国家政权执行机关和地方自治机构决议，联邦、联邦主体、区和市的土地资源与土地整理委员会建议，或涉及其利益的土地所有者、使用者的申请进行。土地整理的国家管理由联邦、联邦主体、行政区、市的土地资源与土地整理委员会负责。同时可建立公众土地整理委员会协助处理土地整理中所出现的一些问题，为工作的组织、进行和资金问题提出解决方案，土地资源与土地整理委员会的工作人员担任其领导，而参与土地整理的个人、企业和机构是其中的主要成员。土地整理文据的编制工作由俄罗斯土地资源与土地整理委员会所属土地整理企业或依照法定程序取得资格的其他土地整理企业或个人负责。实现土地整理设计规定的合理利用土地的措施以及土地整理进程由公众土地整理委员会负责监督，并提供咨询和技术支持，同时还要负责查明修改已经通过的土地整理文据的必要性，并提出相关建议。

二　我国大陆地区土地整理模式分类方案

根据本章第一节所提到的土地整理模式的分类方案，对国内土地整理进行分析和归纳。

（一）地域特征[①]

1. 自然地域

根据谷晓坤的研究结果，可将全国土地开发整理划分出以下七个土地开发整理区：

（1）东北规模化农田整理区

行政范围：吉林省、黑龙江省、辽宁省的全部；内蒙古自治区东部的呼伦贝尔市、赤峰市、通辽市、兴安盟。

（2）华北土地整理优化起步区

行政范围：河北省、山西省、山东省；天津市、北京市；河南省的安阳市、濮阳市、新乡市、鹤壁市、焦作市；内蒙古自治区的锡林郭勒市、乌海市、包头市、呼和浩特市、巴彦淖尔市、乌兰察布市、鄂尔多斯市。

（3）中部集约化农田整理区

行政范围：河南省的郑州市、平顶山市、许昌市、漯河市、商丘

---

① 樊闽：《中国土地整理事业发展的回顾与展望》，《农业工程学报》2006年第10期。

市、开封市、周口市、驻马店市、信阳市、南阳市、三门峡市、洛阳市；江西省、安徽省、湖南省、湖北省。

（4）东南土地整理优化先行区

行政范围：广东省、江苏省、福建省、海南省、浙江省、上海市。

（5）西南及陕西土地生态整理区

行政范围：重庆市、陕西省、贵州省、四川省、云南省、广西壮族自治区。

（6）西北土地开发限制区

行政范围：新疆维吾尔自治区、内蒙古自治区的阿拉善盟、宁夏回族自治区、甘肃省。

（7）青藏土地开发禁止区

行政范围：西藏自治区、青海省。

2. 经济发展水平

（1）经济发达

经济发达地区的建设用地需求不断扩大，占据的土地面积越来越多，造成了耕地紧张，而为了有效缓解和解决这一矛盾，人们就会主动参与到土地整理中去，而且土地整理对经济发展有着促进作用，因此政府对土地整理工作的开展从来都是积极的，有着很高的参与和组织化程度。所以，对于经济较发达地区的土地整理不应只集中在增加耕地面积等初级水平上，应该顺应市场发展的要求和需要，根据土地利用目的，建立生态农业等高标准农业，推进土地整理的综合化、深层次发展。

（2）经济欠发达

在经济欠发达地区，商品经济发展程度不高，农业生产规模小且较为分散、土地利用程度以及农民的组织化程度也偏低。所以通常土地整理并不是对整个区域，而是区域内的某一部分进行整理，也就是对林、村、田、路、水中的某项进行整理，比如农村的道路建设和防护林建设等。

(二) 待整理土地利用类型[①]

1. 基本农田

基本农田是从战略高度出发，为了满足一定时期人口和国民经济对农产品的需求而必须确保的耕地的最低需求量，老百姓将其称之为"吃饭田""保命田"。它通常都是自然生产力高、对作物的适宜性良好的、抗灾能力强的高产稳产农田。

基本农田是在"农田向规模经营集中"的要求下，综合治理田、水、路、林、村并逐步完善农田基础设施，增强抵御自然灾害的能力，提高土地集约利用水平以及农田质量。

2. 中低产耕地

在我国现在仍存在着许多产量低、生态效益与经济效益都较为低下的中低产田，而形成这种中低产田的原因主要是由于其土层较薄、土壤侵蚀以及盐碱化和潜育化等较为严重，因而限制了土地生产能力的发挥。根据相关资料，将中低产田的标准定为：中产标准为内蒙古长城沿线区 1500 kg/hm^2；黄土高原区 1500—3000 kg/hm^2；西南区和甘新区 2250—3750 kg/hm^2；青藏区 1500—2250 kg/hm^2；东北区 2250—3000 kg/hm^2；黄淮海区 4500—6750 kg/hm^2；长江中下游区与华南区为 6000—9000 kg/hm^2。低于上述标准下限的为低产田，高于上限的则为高产田。而将我国的耕地情况按此标准划分，则可计算出我国的中低产耕地总计达耕地总面积的 70%。[②]

针对中低产田展开的土地整理，主要是采取生物、工程措施和相关的农业技术来进行综合的改良和治理，以促进其土地质量以及生产力水平的提高。

3. 低产园地

园地是用来进行果木与多年生经济作物栽培的土地。根据资料统计，我国园地中低产园地的面积占总面积的 21.57%。这些园地通常都属于丘陵土地，立地条件相对较差，其相关的基础设施建设也相对

[①] 杨庆媛：《土地整理目标的区域配置研究》，《中国土地科学》2003 年第 1 期。
[②] 《全国耕地质量等级情况公报》，2014 年。

落后，水土保持能力弱，并且在开发过程中对周围的植被的破坏性较大，土壤的肥力逐渐下降且水土流失日益严重，严重抑制了园地产品质量以及单位面积产量的提高。针对低产园地的土地整理应该是以园地的深度开发为主，加强土壤改良和肥力的提高，整修梯田、筑埂修沟，促进园地生产条件的逐渐改善，提高园地产量及效益。

4. 农村居民点

农村居民点可分为村庄和集镇两类，主要是指建制镇以下农村居民的聚居地。村庄又可分为自然村和中心村，为乡镇以下农村居民点。自然村为村民生活和生产基地，中心村除了是村民的生活和生产基地以外，还肩负着一定的政治、经济和文化职能，是村民委员会基地。集镇是指较为偏远和不具备城镇人口特征的乡政府的所在地。我国农村居民点的土地利用中，普遍存在着土地利用率低、空闲地多等问题。比如农村居民宅基地严重超标、多为平房而建筑容积率低、生产性用地利用不充分、居民点规模小而分散以及乡镇企业用地严重浪费等。

针对农村居民地的整理，主要是降低其农村地区的人均建设用地量，使其符合本地区或国家规定的人均建设用地标准，提高建筑容积率，同时通过将自然村逐步与中心村合并等措施来有效提高农村居民地的土地利用效率。此外，还要进一步健全和完善农村的基础设施以及公共设施，促进农村居民生活条件的提高和改善。

5. 小流域

小流域为完整的土地生态单元，它是以出口断面和分水岭为界形成的自然积水单元。在小流域中主要的地貌类型有谷地、丘陵和山地等，土地利用类型有草地、园地、耕地和林地等，此外主要的产业部门有农、林、副、牧、乡镇企业等。

在对小流域进行土地整理时，要采取整体的综合整治办法，根据合理规划田、水、山、草、林、路，分别对山丘的上、中、下部分以及水体和谷底进行分层配置，合理规划长、中、短规划项目，走多种经营发展之路。在上游地区应进行水土保持，加强防护林建设；中游地区应着重治理水土流失问题，建设园地和农田；下游地区应加强农田水利工程建设，培养土壤肥力。

（三）土地整理目标

1. 以增加耕地面积为主要目标的土地整理

土地整理在不同的国家有着不同的解释，并且它也会随着社会经济和时代的发展变化而变化，而它最初的目标和内容主要是解决农业生产中的土地利用问题，增加耕地数量。就我国现阶段的土地整理情况来看，很显然我国仍处在土地整理的初级阶段，因为其目标仍在于增加耕地面积以弥补建设占用土地，并实现耕地总量动态平衡。

2. 以提高耕地质量为主要目标的土地整理[①]

现阶段我国的耕地质量总体较差，大多为产量低、生态和经济效益低的中低产田。而中低产田的改造就是土地整理中的一个重要内容，主要是为了实现耕地生产量和耕地质量的提高。通常是根据造成低产的原因对中低产田进行针对性的改良：（1）旱涝型中低产田改造。通过排水改良易涝地，配套排灌设施；加强灌溉设施的建设和改善工作，实现涝能排和旱能灌，提高抵御灾害的能力。（2）坡耕地型中低产田整理。采取农耕、生物和改梯工程措施来缓解耕地水土流失问题，提高和保持土壤质量。（3）贫瘠型中低产田整理。通过施肥来提高土壤中有机质含量，促进微生物数量和活动增加；对薄土层进行加厚，促进土壤质地的改善。

3. 以改善农业生产条件为主要目标的土地整理

改善农业生产条件，换言之就是为农业生产营造良好的土地组织功能，这有利于耕地集中、形成规模，促进路、林、沟、渠的合理利用，提高土地生产能力。通过土地整理能够有效促进标准化农田的实现，有利于农田的机械化生产，此外，经过土地整理后田地变得更为集中，这能够减少农民来往田地的时间，提高劳动力效率。

4. 以生态景观建设为主要目标的土地整理

在国外发达国家，土地整理的重要内容和方向是环境与景观生态的保护。以生态景观为主要目标的土地整理，首先是需要具有全局、

---

① 杨庆媛：《土地整理目标的区域配置研究》，《中国土地科学》2003 年第 1 期。

整体和系统的观念，要看到土地生态系统中内部与外部之间的关系。在追求耕地面积增加的同时，还要考虑到系统内其他要素的改变以及对生态环境产生的影响，在追求局部地区土地资源的充分利用的同时，还要考虑到整个地区的土地资源的合理利用。总而言之，以生态景观建设为主要目标的土地整理是在土地生态环境容许限度之内进行的整理。

景观生态型的土地整理能够发挥多种有利效用，比如林木成网、村庄集中、田块平整和路渠配套，它不仅能对地形地貌加以改变，同时还能调节农田小气候并改善水土结构，增加有效耕地面积。此外，经过有效的土地整理手段和措施能够将动物的栖息繁衍地保护下来，保护物种，生物多样性得以保持下去，以此实现人与自然的和谐相处，促进景观生态环境的改善。

5. 以改善农村居民生活条件为主要目标的土地整理

农村居民点的土地整理主要是改善农村的自然环境条件和社会环境条件，使其更加适合人们的生产和生活需求。主要表现为：健全农村的供水供电、道路以及通信设施；加强农村基础设施和公用设施建设，比如娱乐场所和绿地等。

6. 以解决项目建设中引发的土地问题为主要目标的土地整理

随着社会经济的高速发展以及人口的不断增加，用地需求呈现出不断加大的趋势。一些能拉动国民经济增长的大型投资建设，如大型水利和高速公路修建等在近些年发展尤为迅猛，而在拉动经济增长的同时，其还带来了一系列的土地利用问题。比如在交通干线的建设中，它可能会侵占、压损和分割耕地，同时还会破坏农田水利工程。而以解决项目建设中引发的问题为主要目标的土地整理就是针对建设过程中造成的土地利用问题进行"田、水、路、林、村"的综合整理，恢复和提高荒废地的利用价值和利用率；整理沿线农田，化分散为集中，加强农田水利设施建设和完善，改善农业生产条件[1]。

---

[1] 杨庆媛：《土地整理目标的区域配置研究》，《中国土地科学》2003年第1期。

(四) 土地整理运作方式

1. 资金筹集

(1) 国家与区县、乡镇政府联合投资的方式

通常在经济发达地区，集体经济的经济实力较为雄厚，同时，对于土地整理这一重要工作，政府也给予了很高的重视。各级政府在土地整理上都有一定量的资金投入，投资主体通常为县、乡镇政府，此外，国家全额投资的土地整理项目也比较多。地市级地方政府从耕地占用税留成部分、农业重点建设基金返回部分、粮食开发基金、土地有偿使用费和土地出让金中划出一定的资金供土地整理使用，其余的需要乡镇、区县自行筹集。

(2) 国家与市级政府联合投资的方式

在经济欠发达地区，资金的筹集成了制约地区土地整理工作开展的一个关键的限制性因素。它主要的资金筹集方式是国家和市级政府的资金投入，而若采取这样一种方式，一是必须要保证国家对其有一定的财政拨款，此外，有些地区也在考虑面向土地整理的财政信用融资和财政性信贷资金，以促进资金的有限筹集并保证土地整理项目的开展和完成，同时还可以将土地整理后具有较高的经济效益和回报率的土地提供有偿服务，寻求国际援助；二是市级政府建立起耕地占用税留成、农业开发基金、市政府财政预支、土地有偿使用收益的土地整理专项基金，使每一笔款项支出都用在需要的地方，不浪费、不滥用，实现专业化经营。同时部分地区还可以申请土地抵押贷款，待土地整理完成再根据其增值与收益还本付息。[1]

(3) 地方政府与企业或农民联合投资的方式

土地整理是一项投资巨大的工程，在我国平均每公顷的投资额就达到了3万元左右，由于其投资较大，因此如果只依靠政府的资金供给是很难顺利开展和完成土地整理工作的。所以，为了保证工作的顺利和有效进行，解决土地整理工作的资金问题，就必须要拓宽多元化投资渠道，充分利用社会闲散资金。要积极调动农民和企业的积极性，鼓励他

---

[1] 鲍海君：《土地开发整理的BOT项目融资研究》，中国大地出版社2007年版。

们参与到土地整理工作中去,并严格遵循"谁整理,谁投入,谁受益"的原则。比如,江苏省江阴市三阳河两岸土地复垦整理项目就拓宽了筹资渠道,其资金来源主要有六个:向国家和省申请的资金,12%;市财政补贴资金,占18%;水利局配套部分资金,占14%;个人投入资金,占2%;单位自筹资金,占39%;乡镇以劳折资解决一部分,占15%。

(4)中外合资的方式

土地整理中的中外合资的资金筹集方式积极利用了国外资金。比如,中荷北京延庆土地整理项目就是中国和荷兰合资进行的,荷兰国土资源部向其投资了100万荷兰盾。

2. 经营方式(Ⅳ2)

(1)国家组织大规模的土地整理方式

若是一项土地整理的工程规模较大,会对生态、经济和财政等诸多方面造成一定影响,那么这项土地整理工作就不是某一部门或单位可以一力承担得了的,它必须由国家统一组织进行。它需要由政府部门组织财政、规划、林业、农业、土地、水利、畜牧等部门共同配合,并争取得到省、市政府和国家的财政支持,这样才能保证土地整理工作的顺利开展和实施。

(2)农户整理、政府适当补偿方式

这种经营方式通常较为适合整理范围小且工程量小的农村田间零星荒地和闲散地的整理。在这一经营方式中,农民是整理行为的施加者和使用者,为确保自身需求和利益,在土地整理中他们会极为追求土地整理的质量,减少对土壤的扰乱,同时还能使整理的成本降低,主要以投劳为主。政府的适当补偿可以通过减免税收等灵活的方式进行,其补偿的方式主要有减免税收,提供低息、无息贷款、补助、奖励等形式。

(3)集体组织土地整理方式

这种经营方式比较适合于经济发展程度相对较高,有一定的经济实力的村、乡。主要是采取农村集体组织投资方式,组织农民整理并交由农民经营,将从土地整理中收回的承包费又用于新的土地整理中,由此形成一种良性的循环滚动发展。政府在其中主要是提供技指导，以促进和实现土地资源的合理有效利用。

(4) 土地入股、联合土地整理方式

一直以来，制约土地整理的一大重要因素就是资金问题。根据实践经验可得，农村集体经济组织可将其拥有的土地作为股份入股，与国营、企事业单位联营合股开发。然后根据投入股份的多少来进行利益分红，充分利用社会闲散资金，以解决筹资难问题。

(5) 土地整理公司集中土地整理方式

如大型的基本农田综合整理等这些涉及特殊的整理技术，且规模大、难度高的土地整理项目，农村集体组织和农户是无法自己独立展开实施的，因此就必须要有专门的土地整理公司。可以是实行政企分开，或是作为独立的企业单位，也可以是土地管理部门的一个事业单位，土地整理公司统一对土地整理工作中的资金和技术力量进行组织整理。通常这种整理方式的资金和技术力量要求都较高。

第四章 土地整理项目的可行性研究

土地整理可行性研究是土地整理项目管理中的一个重要环节，它能够有效促进项目决策的科学化，是土地整理项目得以顺利、有序实施的一个必要依据。作为土地整理项目的一个基础性工作，土地整理项目的可行性研究直接影响了整个项目的效果与成败。本章对土地整理项目可行性研究的作用、程序、与项目评估之间的关系、项目区的选择与确定等进行了深入分析和探索。

第一节 土地整理项目可行性研究的概念、作用与程序

一 可行性研究的概念与作用

（一）可行性研究的基本概念

可行性研究是现代决策的根本方法，是项目管理中有关决策科学的应用。从不同的角度和方面，可行性研究会有不同的解释和含义，其中主要是从学科、方法、实践以及广义和狭义等方面来进行区分。

可行性研究既可以说是一种实践活动，一门学科，也可以说是一种方法。作为一种实践活动，可行性研究即为科学决策的基础和前提，是在决策阶段进行的有关的综合性分析论证。此外，也可看作是决策阶段的主要内容，主要包括市场调查分析、决策方案构想、机会研究、方案的技术经济论证和比选、决策方案风险和预期评估、决策实施所需各种条件和资源的落实和分析等等。作为一门学科，可行性研究指的是针对以上实践活动所作出的理论总结以及以此为基础的思

想和方法论的研究，它可解释为是一门项目决策学。①

可行性研究是一门新兴的经济管理类应用科学，含有其学科本身的发展历史、基本思想、内容以及方法论。从方法论角度看，可行性研究是促进和实现决策科学的一种现代化的决策方法。可行性研究作为一种分析方法，其内容和程序正在走向稳定和规范，并且不再局限于方法论范围，已经逐渐发展成了现代项目决策的基本内容和主要工作方法。在许多世界性的组织和国家政府部门中，可行性研究在项目决策中得到了广泛推行并取得了良好的效果。

另外，我们还可以从广义和狭义两方面来理解可行性研究。从广义上来说，可行性研究是决策工作的主要构成内容，具体是指在决策中所进行的包括机会分析、方案构想、初步可行性研究以及详细的可行性研究等全部内容的分析论证工作。而从狭义上来说，可行性研究指的是在基本确定决策构想后，对具体方案的一个详细的分析论证，它是决断的依据和基础，并不包括机会分析等内容。

(二) 投资项目的可行性研究

投资项目的可行性研究是投资项目前期工作的重要内容和方法，是在决策阶段针对拟议项目所展开的详细的技术经济论证。它主要包括前期对拟议项目的有关内容进行的调查、分析和预测研究，如项目相关的社会经济条件、自然因素以及一些技术资料等。此外，它还包括构造和比选投资方案，论证项目投资的风险性和必要性、经济上的合理性，以及技术上的适用性和先进性，以此为决策提供切实可行的依据。

投资项目的可行性研究要能够作出关于投资方案、投资实施的方向性决策，它会对整个投资产生重要甚至是关键性的影响。投资项目的可行性研究的成功，表现在它能够明确回答拟议项目是否应该实施投资，并且为其提供有效的投资选择建议，同时还要能够为项目的进一步实施工作提供方向性的指导，例如为项目的设计、规划和施工提

---

① 郧文聚：《土地开发整理项目可行性研究与评估》，中国人事出版社 2005 年版，第 8 页。

供原则、框架和基础指导。

（三）可行性研究的作用

项目可行性研究是整个项目管理过程中的一个重要阶段和环节，它主要是对拟议项目前期的关于项目的基础条件、资金、技术、组织管理以及效益等方面的分析论证，通过方案对比研究来提供项目决策依据。可以说，可行性研究是一项基础性工作，是项目得以实施展开的前提条件，它直接影响了项目的效果和成败。

通常，项目可行性研究必须要回答以下几个问题：项目区土地利用存在的问题；项目建设的必要性；项目建设的目标以及目标实现的可能性；针对项目区存在问题的相关解决对策；项目建设的任务；经济上的合理性；技术上的可行性；项目的综合效益。[1]

二 土地整理项目可行性研究的程序

（一）准备阶段

在这一阶段主要是围绕项目建设提出有关意向，讨论项目可行性研究的范围，在准备阶段，熟悉关于土地开发整理的有关政策和项目管理的有关规定和要求。

（二）基础资料的收集

完整详细的基础资料是可行性研究工作开展的前提，因此要在之前做好有关项目区的资料和信息的收集工作。在资料收集中要强调客观实际，同时还要注意调查研究，查阅的资料应包括各种资料统计和技术档案资料等，以实现收集资料的全面性、客观性和准确性。

1. 区域基础资料

（1）区域发展报告。

（2）土地利用现状变更资料、土地资源调查报告。

（3）土地开发整理的专项规划、土地利用总体规划。

（4）区域国民经济统计年鉴。

---

[1] 丁松、罗昀等：《我国土地整理产业化发展的基本策略》，《经济地理》2004年第4期。

第四章 土地整理项目的可行性研究

（5）农业区划、水利志、水资源评价报告、土壤志与土壤普查资料、水文图集与水文手册等。

（6）主要农产品的市场价格和生产成本、标准农田建设的生产状况和相关标准。

（7）工程造价信息。

（8）当地土地开发整理的先进经验。

2. 项目区基础资料

（1）河流水系。河流的多年平均水位、多年平均径流量和每月分配情况，河流泥沙情况，洪峰的流量以及频率。

（2）气象资料。多年平均降水量，多年平均径流量月份分配表，自然灾害情况，气温资料。

（3）灌溉制度。可根据当地的试验站数据或实际经验数据。

（4）水利工程的设计标准、建设以及运行利用状况。

（5）土壤的有关化学和物理资料。

（6）农田水利工程的主要采用材料以及建筑材料的供给状况。

（7）植被状况。地区防护林建设、适合生长的物种的相关情况。

（8）交通状况、电力状况。

（9）土地利用现状统计表。

3. 实地调查

在土地开发整理项目可行性研究中，实地调查是其中必不可少的一个重要环节。通过实地调查，可以对项目区的相关情况达到基本或者是深入的了解，其调查的内容主要包括项目区土地利用现状、基础设施和资源条件、权属现状等。

4. 分析研究

在经过资料的收集以及相关的实地调查后，再针对项目进行综合的分析研究和计算。结合相关资料以及实地调查结果，通过分析得出不同的选择方案，再针对各个方案进行对比和分析，选择最优方案，并形成可行性研究的结论与意见。而技术上可行、经济上合理以及资金筹集有保障的方案才能算是最优方案，不能忽略其中任何一个条件因素。此外，还要对因价格成本、进度变化而可能导致对经济效益的影响进行仔细的分析。

5. 编制可行性研究申报材料

可行性研究报告、项目现状图以及规划设计图为土地开发整理项目可行性研究的成果。

第二节 土地整理项目可行性研究与项目评估之间的关系

一 土地整理项目评估

在批准投资之前，由项目决策部门以及其他一些利益相关部门在可行性研究基础上，针对土地整理项目进行的一个全面的技术经济分析与再评价的过程即为土地整理项目评估。换言之就是对可行性研究进行研究，也可称作是土地整理项目可行性评估，它的主要目的是对可行性研究的真实性、客观性以及可靠性进行分析和审查，并为项目的投资可行性和项目可行性提出相关建议和意见，供决策者参考。[①]

（一）土地整理项目评估的作用

土地整理项目是不包括项目法人的，其他利益相关者以及决策者对项目的审查，是其权益的体现。比如作为项目投资者，政府要充分考量投资的效率、效益以及合理性。若是不合理，其项目将会在之后对国家农业的发展和土地管理市场的发展产生一定程度的负面影响。政府始终站在国家的立场上进行对土地整理项目的评估，从全局利益出发进行对项目的相关决策工作。并且根据自身对项目的评估，政府可以就项目法人提供的可行性研究再提出或补充一些其他不同意见，纠正和弥补可行性研究中的失误和漏洞。

若是有两个或两个以上的投资者，比如土地整理项目中涉及政府与社会企业的投资，那么这一项目就由这两个投资者共同进行审查。由此可见，项目评估工作并不是一项简单反复的可行性研究工作，它是投资者力求项目高效率和高效益的表现，是市场经济的投资机制中

[①] 郝建新、邓娇娇：《土地整理项目管理》，天津大学出版社2011年版，第79页。

互相制约、监督,以及互相促进和印证的方法,进一步促进和提高了项目决策的科学性和项目成功率。①

(二) 土地整理项目评估的内容

土地整理项目性质以及评估目的决定了项目评估的内容,而这一评估内容会因行业不同而有所差异。比如,不同投资者对评估内容的要求不同,银行与政府部门对评估内容的侧重点就不同。

除了主要的政府投资的土地整理项目外,其他融资渠道的土地整理项目评估也参照政府投资土地整理项目评估,而除了要考虑国家利益外,这类项目评估还要追求自身利益,考虑投资回收以及经济效益。

站在政府的角度,可将土地整理项目评估分为以下几个主要内容。

1. 投资项目的必要性评估

在项目评估中,投资者首要考虑和解决的问题就是投资项目的必要性。在这一评估中,主要是站在社会和国民经济发展的角度上论证项目是否符合国家产业政策,以及能否对农业的可持续发展产生有效的促进作用;从耕地保护的角度出发论证项目是否能对地区经济的发展产生有效的促进作用;从社会可持续发展的角度论证项目是否能改善生态环境。

2. 项目建设条件评估

在项目评估中,必须要重视项目建设的条件评估。不管一个项目在理论上多么具有优势,若是项目建设条件不足,那么这一项目永远也不会取得成功。项目技术人员力量、项目实施地点配套设施、组织机构以及组织管理体制为项目建设的几项主要条件。

3. 项目规划设计及技术评估

项目规划设计及技术评估主要是审定规划设计方案以及技术方案,以确定项目整体布局的合理性、可行性和建设技术的先进性和适用性。

---

① 郧文聚:《土地开发整理项目可行性研究与评估》,中国人事出版社2005年版,第77页。

4. 项目效益评估

项目效益评估是项目评估的重点内容。首先要对投资估算的合理性和正确性进行论证，并且评估资金筹措安排的可行性，然后再分析整个项目可能给国民经济带来的效益和影响，分析资金利用的合理性，之后再注意分析项目产生的生态效益以及社会效益，如农民收入的增加。[①]

5. 项目不确定性评估

土地整理项目可能会受到来自各方面因素和条件的影响和制约，因此而存在诸多的不确定性。所以，在项目效益评估的基础上要注意不确定性评估，进行敏感性分析、盈亏平衡分析等概率分析，进一步明确项目效益变化的范围，促进项目决策的有效性和可靠性的提高。

（三）土地整理项目评估的程序

土地整理项目的评估主要包括初审和详细审查两个阶段（见图4-1）。

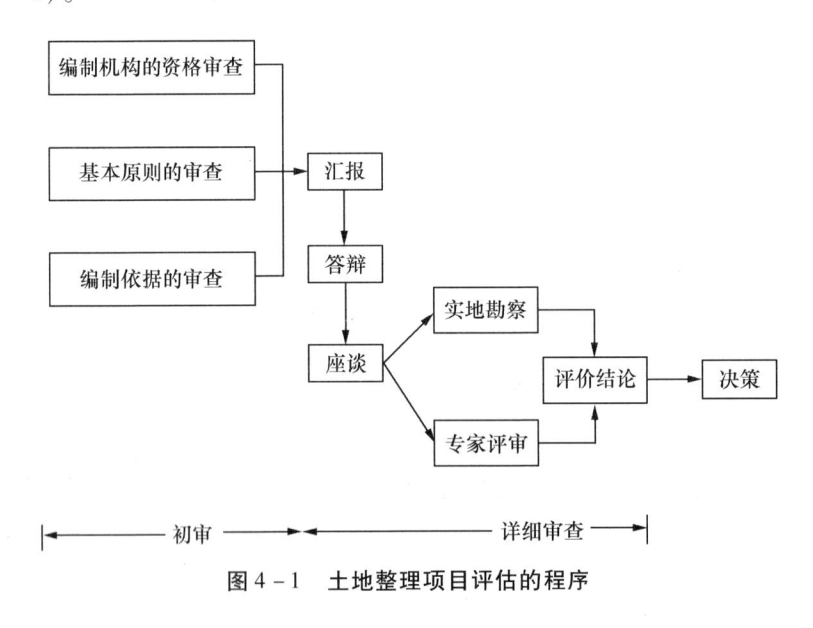

图4-1 土地整理项目评估的程序

[①] 郧文聚：《土地开发整理项目可行性研究与评估》，中国人事出版社2005年版，第47页。

对项目可行性研究报告的粗略审定与核实即为初审,包括以下三方面内容。

1. 可行性研究报告编制机构的资格审查

首先,承担编制报告的单位必须要具有足够的装备条件、技术力量以及丰富的实践经验,并且承担可行性研究的单位不得同时参与对该可行性研究报告的审查。①

2. 是否遵循基本原则的审查

(1) 科学性原则

具体是指秉着科学的态度并采用科学的方法来收集、分析和鉴别相关资料以及原始数据,可行性研究报告及结论合乎逻辑。

(2) 客观性原则

具体是指要按照项目建设条件和具体要求进行分析与论证。

(3) 实地调查原则

具体是指在进行初始报告前,可行性研究专家要进行实地的考察研究,深入实地获取地区详细和全面的数据资料,并且要将这一实地调查贯彻到可行性研究报告编制的结束。

3. 可行性研究报告编制依据的审查

在这一过程中,主要工作是审查可行性研究报告的编制依据是否符合相关政策以及法律法规、是否依据了国家和地方的相关规划、是否充分合理;是否符合国家环境保护的有关要求;是否有经国家批准的报告和规划;是否依据了相关的地区、行业以及国家的标准等资料。②

这一阶段主要包括以下几个环节:

(1) 汇报阶段。通过具体的汇报工作使评估团的全体成员都能达到对整个申报项目的基本了解。项目申报单位以及项目可行性研究报告的编制单位都需要参与汇报工作,进行相关情况汇报,其汇

---

① 郧文聚:《土地开发整理项目可行性研究与评估》,中国人事出版社 2005 年版,第 81 页。

② 同上书,第 87 页。

报内容和重点各有不同。可行性研究报告的编制单位的汇报重点在项目立项的总体汇报、可行性研究重点的专项汇报、所申请项目可行性研究的过程、存在的问题以及对项目的总体评价。而项目申报单位则是侧重于项目建设的可行性、必要性，以及项目相关的实施方案等方面。

（2）答辩阶段。就上述报告，评估团的成员对此提出相关的质询和疑问，汇报者采取书面或口头等多种形式给予质询者答复，供评估团进行评估时参考。

（3）座谈阶段。针对汇报中所提到相关重点内容和疑问，评估团成员进行专门实地访谈，向行政管理人员、专家和相关人员等了解相关情况，获得相关数据。

（4）专家评审。评审的重点应集中在所申报项目及其可行性研究中的关键参数和重要问题，听取评估团专家意见。

（5）实地勘察。针对可行性研究报告和汇报中所提到的有关重点和难点问题进行实地考察。

二　土地整理项目可行性研究与评估的关系

土地整理项目的可行性研究与评估之间具有密切的联系，这是由于它们的目的都在于分析和论证项目的可行性，两者之间存在相同之处，又存在着不同之处，并具有相关性。

（一）土地整理项目可行性研究与评估的一致性

1. 两者的工作性质及目标一致

可行性研究和项目评价的目的都在于通过分析论证来对项目的可行与否作出判断，以促进项目的规范化、决策的科学化，以期达到良好的投资效果。它们都属于项目投资的前期工作。[1]

2. 两者的基本原理、内容和方法基本一致

可行性研究和项目评估都是通过运用规范化的评价方法和技术标

---

[1] 郧文聚：《土地开发整理项目可行性研究与评估》，中国人事出版社2005年版，第86页。

准、定额资料和经济参数等，分析、计算和比较技术经济评价指标，形成对项目的抉择性建议。此外，它们的考察内容都包括了项目建设的必要性、效益分析、规划设计方案和项目建设条件等。

（二）土地整理项目可行性研究与评估的差异性

1. 两者的行为主体不同

土地整理项目的可行性研究和项目评估的参加主体各有不同，前者是由承担项目的单位实施或委托中介机构完成，后者则是由政府部门或委托中介机构或投资机构实施完成。土地整理项目的可行性研究和项目评估都可以委托中介机构完成，但是其代表着不同的行为主体，需要对不同的行为主体负责。

2. 两者的立足点不同

土地整理项目可行性研究与项目评估的侧重点有所不同，前者是从微观角度上对项目的可行性进行分析，后者是站在投资者以及国家的角度上考虑和分析项目是否可行。由此可见，项目评估更加具有全局性和宏观性，是对微观问题在宏观环境中的再次考量。

3. 两者的作用不同

土地整理项目可行性研究与项目评估的作用不同，前者是项目投资决策的基础以及政府部门审查项目的依据，后者是为决策提供结论性意见，是项目投资的最终审核决策依据。

（三）土地整理项目可行性研究与评估的相关性

土地整理项目可行性研究与项目评估在项目决策过程中是相辅相成，互为因果的。

1. 可行性研究是项目评估的基础

可行性研究是项目评估的对象，项目评估因可行性研究而存在。也就是说，可行性研究是项目评估的基础。

2. 项目评估是可行性研究的延伸

不经过项目评估，则可行性研究的成果就无法实现，并且项目评估是对可行性研究的再研究。由此可见，项目评估是可行性研究的延伸。

第三节　土地整理项目区的选择与确定

一　项目区的选择

（一）项目完整性原则

土地开发整理是对土地利用的合理组织，不管是哪一块土地都有可能纳入到土地开发整理中。而实际上，由于资金、自然条件以及政策等多方面的限制，并不是每一块土地都能纳入到土地开发整理中。所以，在项目区的范围和位置的选择中应该突出重点，有所侧重。在实践中，我们可以发现由于对项目完整性的理解不足，经常会出现以下两种错误做法：一是在项目区的划定过程中盲目奉行"平均主义"。比如某县申请单一项目时，将其行政范围内的所有乡镇都确定为项目片，而实际上只有少部分乡镇需要实施这一项目。这一做法是由于项目申请人的平均思想，并未考虑实际情况，是极为不合理的，会给项目的实施和规划带来不必要的困难。二是划定项目区时"就事论事"。项目完整性要求考虑到项目的总体布局，在进行项目区的选择时要注意与周边的相对关系，避免"只见树木、不见森林"的现象，减少选项的失误。

（二）先易后难原则

由于我国土地整理正式开展不久，因此在经验和技术等方面都有所欠缺，仍须进行多方实践和研究。所以，目前我国土地整理工作应该首先选择风险小、投资环境好且难度较低的项目。风险主要考虑社会因素以及生态环境对项目的影响；难度则由项目开展所需具备的资金和技术等一些相关因素所决定。项目投资环境指的是土地整理开发区的当地群众的态度和积极性，土地资源禀赋优劣。良好的社会环境是项目实施的保障，会有效减少土地整理项目的风险，土地自然生产潜力也会对土地开发整理产生直接有效的影响，而项目建设的难易程度会直接影响到土地整理工作的成败，在项目选择时应着重考虑。在进行开发整理时，按照先易后难的原则会有效提高工作效率，促进工作的合理有序进行。

所以，在进行土地整理时，在资金有限的情况下不能追求"面面俱到"，应根据地区的自然条件和经济条件，集中物力、人力和财力整理规划具有开发潜力、工程量小、难度小的区域。[1]

(三) 效益最大化原则

依据《土地开发整理若干意见》(国土资发〔2003〕363号)中相关规定,土地开发整理的目的为:"根据农业和农村经济发展的需要以及土地资源的适宜性,增加农用地面积,重点增加耕地面积;提高农用地质量,优化土地利用结构,促进土地集约利用;改善农业生产和农村人居条件,保护和建设生态环境。"所以,土地整理追求综合效益。效益最大化是指生态环境效益、经济效益和社会效益的综合效益最大化。在进行项目区的选择时,项目区的综合效益问题是应该着重考虑的。实现高效益,才能保证土地开发整理的合理有序进行,保持良好的生命力,才能充分调动公众参与到土地整理中去,只有这样才能发挥项目开展对其他地区的带动作用,使土地开发整理实现可持续发展。

二 项目区选择的具体要求

(一) 项目合法

对土地开发整理活动的一个最基本的要求就是"合法",即符合相关规划,符合现行法律、法规的相关规定。项目合法性分析要确定项目的实施是否符合现行法律、法规规定。比如在项目实施后,土地利用是否与土地开发整理规划和土地总体规划一致,土地开发是否经过了相关的依法审批等。

根据《土地开发整理若干意见》的相关规定:土地开发整理要符合规划,要依据土地利用总体规划和土地开发整理规划来进行对项目的审查、规划设计、项目实施以及检查验收。根据《关于进一步规范国家投资土地开发整理项目申报工作有关问题的通知》(国土资厅发〔2002〕68号)规定:国家投资项目必须符合土地利用总体规划和土地开发整理规划,符合生态保护和湿地保护的相关法规和政策。[2]

---

[1] 徐雪林:《土地开发整理项目实施管理》,中国人事出版社2005年版,第91页。
[2] 国土资源部耕地保护司、国土资源部土地整理中心编:《土地开发整理相关文件汇编》,中国大地出版社2001年版,第77页。

（二）以土地整理和复垦为主

使用新增建设用地土地有偿使用费用于实现耕地总量动态平衡的耕地开发项目统称为土地开发整理项目。土地开发整理项目依据其项目性质可分为土地整理项目、土地开发项目、土地复垦项目以及综合性质项目。其中综合性质项目包括开发、整理和复垦三种以上性质。

土地开发整理任务是根据土地利用总体规划和土地开发整理规划，综合整治农村水、路、田；对因生产建设而导致的土地塌陷、挖损、压占以及遭受泥石流、洪灾和风沙的土地进行土地复垦；对未利用宜农土地，如盐碱地、滩涂和荒草地等进行开发利用。在选择项目区时，要以土地整理和土地复垦为主选择开发项目。

根据《中华人民共和国土地管理法实施条例》相关总体规划确定的土地开垦区内，开发未确定土地使用权的荒地、荒滩、荒山，从事农、林、畜、渔业生产的，必须向县级以上人民政府土地行政主管部门提出申请，报有批准权的人民政府批准。一次性开发确定土地使用权的荒地、荒滩、荒山600公顷以下的，按照直辖市、自治区、省规定的权限，由县级以上地方人民政府批准；对600公顷以上的土地进行开发时，报国务院批准。[1]

在《土地开发整理若干意见》中，为鼓励土地整理和土地复垦做出了以下明确规定：坚持贯彻和支持相关土地整理和土地复垦政策，鼓励个人以及相关单位依法运用土地整理新增耕地指标折抵政策，进行农地整理；运用复垦土地置换政策，对历史遗留的工矿废弃地进行复垦；运用建设用地指标置换政策，对农村废弃建设用地进行整理；运用有关优惠政策，对因自然灾害受到损坏的土地进行有效治理。[2]

（三）基础设施条件具备

项目区基础设施是进行土地开发整理必不可少的基本条件，主要是指有关的道路、电力以及水利等基础设施，它不在国家投资土地开

---

[1] 国土资源部耕地保护司、国土资源部土地整理中心编：《土地开发整理相关文件汇编》，中国大地出版社2001年版，第67页。

[2] 同上书，第77页。

发整理项目的投资范围内。根据《国家投资土地开发整理项目管理暂行办法》规定,土地整理项目所在地必须要具有主干排灌系统、主干道路、电力、堤坝等配套基础设施;或拟定了相关的水利、电力、道路以及村庄改造等方案,项目资金和相关措施已落实确定,拟同步实施、规划等。①

针对含配套基础设施工程,在《关于2003年国家投资土地开发整理项目申报工作有关问题的通知》(国土资厅发〔2003〕96号)作出以下规定:需要地方资金投入或配套基础设施的工程,县级国土资源部门须向县级人民政府提请资金承诺函,根据不同的资金来源渠道列出所投资的工程建设内容。

这里所提到的"基础设施条件具备"虽然看上去与之前提到的重点支持"农田基础设施条件较差"的项目的要求有矛盾之处,但是并不具有实际矛盾。"基础设施条件具备"是指交通以及水利等基础设施条件具备,有望实现项目总体目标,而后者则是指在项目区内交通以及农田排灌条件等较为落后,有土地开发整理的必要,并能够取得良好的成效。对国外的土地整理分析研究可得,在这一点上与我国具有一致性,比如德国在进行乡村土地整理时,其整理区选择的条件是:区域中农业基础设施以及生产环境对生产形成阻碍影响,如水利设施不全、开发水平低下、农田形状破碎等,同时还要求其区域具有一定的水利和交通条件。

(四)资源和环境条件具备

生态环境对农业生产活动的承载力也是土地开发整理项目区的选择中应该着重考虑的内容。开垦的耕地不应包括那些生态环境较为脆弱以及水资源无确实保障的土地,生产活动也不宜进行。由于资源和环境恶劣等而导致荒弃的土地不应归入到土地开发整理项目区范围内。根据《全国生态环境建设规划》的相关规定:要坚决遏制围湖造地和毁草毁林的行为,实施还林、还草、还湖,25°以下的坡地实

---

① 国土资源部耕地保护司、国土资源部土地整理中心编:《土地整理项目管理培训讲义》,2001年,第83页。

现梯田化，25°以上的陡坡地进行退耕还林还草。

（五）无权属问题

在土地开发整理项目区选择时，要注意土地权属问题，那些权属问题严重的土地不应纳入到土地开发整理范围。权属问题主要包括两个方面：即项目受益主体不符合规定要求以及存在土地权属问题。已经租赁经营的土地、企业与个人以营利为目的的土地整理项目，不得申报国家投资项目。

（六）投资方向合理

新增建设用地土地有偿使用费是用于耕地开发，依据法律收缴的专项资金。根据《中华人民共和国土地管理法》第五十五条相关规定：新增建设用地的土地有偿使用费的70%留给地方人民政府，30%上缴中央财政。所以，使用这一土地有偿使用费安排的土地开发整理应将增加有效耕地面积作为其首要目标，促进耕地质量的提高以及实现耕地总量动态平衡。[①]

有些项目具有一定的实施开展意义，但由于其不符合土地有偿使用费专项用于耕地开发的法律规定，所以在投资方向上不符合规定。比如，北方某项目为矿区生态重建项目，位于典型的牧区，主要是为了发展畜牧业，改善当地生态环境，非耕地开发项目。东北某项目规划建设的经济林、防护林以及水保林过多，超出总投资的50%，已经超过了国家投资范围。这两个项目从投资方向上考虑是比较合理的，但却不符合规定。

（七）申报单位符合规定

针对国家投资项目的申报组织工作，在《国家投资土地开发整理项目管理暂行办法》作出了明确规定：县（市、区）土地行政主管部门为项目申报单位。地（市）级土地行政主管部门对申报的项目进行签署意见，省（区、市）土地行政主管部门审核同意后，由省（区、市）土地行政主管部门集中报国土资源部。项目申报不能跨地

[①] 国土资源部耕地保护司、国土资源部土地整理中心编：《土地开发整理相关文件汇编》，中国大地出版社2001年版，第79页。

区申报，并且也不能以乡（镇）一级政府名义申报。

（八）基本控制指标符合规定

《国家投资土地开发整理项目管理暂行办法》对申报国家投资的不同性质、类型和不同地貌类型项目的单片规模、建设规模、片数、新增耕地率分别作了明确规定（见表4-1）。[①]

表4-1　　　　　　　　项目基本控制指标表

项目性质	地貌	总规模/hm²	单片规模/hm²	总片数
土地开发	丘陵	100—600	≥20	≤10
	平原	400—2000	≥50	≤10
土地整理	丘陵	100—1000	≥40	≤10
	平原	400—2000	≥60	≤10
土地复垦	丘陵	60—400	≥20	≤10
	平原	200—1000	≥60	≤10

可以适当放宽那些耕地后备资源不足地区的项目区片块规模的下限。对于国家投资土地开发整理补助项目的规模有以下几点要求：项目比较集中成片，平原地区200hm²（3000亩）以上，丘陵山区100hm²（1500亩），不能使规模过大化。

新增耕地率的计算公式为：

新增耕地率 = 新增耕地面积 ÷ 项目规模

对于项目净增耕地面积，在《国家投资土地开发整理项目管理暂行办法》有如下明确规定："土地复垦净增耕地面积不低于项目规划设计面积的40%；土地开发净增耕地面积不低于项目规划设计面积的60%；土地整理净增耕地面积不低于项目规划设计面积的10%。"[②] 实践表明，新增耕地率通常要小于或等于85%；在今后的土地开发

[①] 国土资源部耕地保护司、国土资源部土地整理中心编：《土地开发整理相关文件汇编》，中国大地出版社2001年版，第81页。

[②] 同上书，第89页。

整理工作中，基本农田将作为其中一项重要工作内容继续推进，这一类项目约有不低于3%的新增耕地率。

三 项目区边界的划定

(一) 确定项目区边界的原则

在大致选定项目区的位置后，之后就是划定项目区边界。在确定项目区的边界时，行政区边界并不是其唯一的考量内容，除此之外还要注意路、沟、渠为边界，考虑自然地物的分布情况。我们可以发现，有些丘陵地区在确定项目区边界时具有很大的随意性，在实际工作中对于现有明显地物和实际地形情况的考虑较少，属于典型的图上作业。这一随意性会使项目规划更为盲目，从而导致了项目施工或设计阶段的反复调整修改，耽误工作效率。

(二) 项目区建设规模的确定

在确定项目区边界后，之后再进行项目区规模的确定。在《关于2003年国家投资土地开发整理项目申报工作有关问题的通知》（国土资厅发〔2003〕96号）中，项目规模指的是项目建设规模，其中包括不动工的工矿用地、交通用地、居民点用地、林地和成片水域等内容。这一不动工面积指的是不参与土地整理的面积，在统计项目建设规模时应将其予以扣除，同时还要在图上特别标出其范围，有明确的文、图、表表示。

(三) 项目区位置和范围

可用两种方式来对项目区位置进行描述：用地理坐标方式表达其位置。在申报国家投资项目时，必须要表明其项目区位置的经纬度坐标，表达方式如下所示：

东经　×××°××′××″—×××°××′××″

北纬　××°××′××″—××°××′××″

对于项目区的坐标，《关于2003年国家投资土地开发整理项目申报工作有关问题的通知》（国土资厅发〔2003〕96号）给出了明确规定：项目区经纬度坐标不是所在乡镇等范围的经纬度坐标，而是项目建设范围的经纬度坐标。若是项目区呈几片分布，那么则应逐一明确其经纬度坐标。[1]

项目范围是指项目所涉及的行政乡（镇）、村。应明确项目区内包含的每个片块的范围，在图上表示出来。

四 项目区地貌类型

可将土地开发整理项目区微地貌类型大致分为三种类型：丘陵、滩涂和平原，它主要反映的是项目区内地表的起伏变化状况。主要是依据项目的工程量和内容来对微地貌类型进行判别。如滩涂开发项目的客土需求较大，而丘陵类型的项目则通常会涉及坡改梯，且有较大的土地平整土方量。

实际上，对于一个项目中平原和丘陵的界定并不能做到过于绝对。比如在南方的有些项目中，从项目区微地貌来看其属于平原，但是实际而言其周围都是山，这种情况将对项目工程量、工程内容和建设标准产生极大影响，因此在具体工作中应该详细描述项目区和其周围的地貌情况。

五 项目类型的界定

根据《国家投资土地开发整理项目管理暂行办法》，将国家投资土地开发整理项目分为三个类型，即重点项目、示范项目和补助项目。重点项目主要是为了增加耕地面积，集中资金形成规模进行耕地开发。示范项目是指那些在土地开发整理管理与技术等方面具有创新、改革示范作用的开发整理项目。补助项目则指的是对特定地区的耕地开发中国家给予资金补助的开发整理项目。[2]

补助项目申报条件为：项目区位于少数民族地区、革命老区、贫困和受灾地区。项目建设能够促进耕地面积的良性增加，对地区的农业生产条件具有极大的改善作用，同时还能有效促进当地经济发展。

---

[1] 国土资源部耕地保护司、国土资源部土地整理中心编：《土地开发整理相关文件汇编》，中国大地出版社2001年版，第87页。

[2] 同上书，第89页。

国家根据项目建设对需要补助项目进行资金补助,其所在省(区、市)负责其余资金。

六 项目性质的确定

在界定项目性质时,要注意综合性质的问题。

《关于进一步规范国家投资土地开发整理项目申报工作有关问题的通知》(国土资厅发〔2002〕68号)规定:国家投资项目区的片块通常与土地开发、整理、复垦的相同。可将耕地后备资源不足地方的性质不同的若干片块组成一个项目进行申报,名称可为土地开发整理项目、土地整理复垦项目或土地开发复垦项目等,其投资估算和新增耕地率等应按片块分类计算。[①]

《关于2003年国家投资土地开发整理项目申报工作有关问题的通知》(国土资厅发〔2003〕96号)规定:若某一项目片块除有成片废弃地复垦,还有农用地整理和未利用土地开发面积达20公顷以上的,应该按土地开发、土地复垦和土地整理三种性质加以区分,并且其中每一种性质的新增耕地率都应符合规定要求。

[①] 国土资源部耕地保护司、国土资源部土地整理中心编:《土地开发整理相关文件汇编》,中国大地出版社2001年版,第91页。

第五章　土地整理项目的规划

土地整理项目具有基础性、公益性、综合性、地域性和效益的滞后性等特征。土地整理项目规划是土地整理规划实施过程中的详细规划，是落实土地整理规划，保证土地整理活动按计划实施的具体措施，是科学指导土地整理活动的重要依据。本章重点探讨了土地整理项目规划的基本常识、规划方案及规划图的编制等。

第一节　土地整理项目规划概述

一　土地整理项目规划的含义与特征

（一）土地整理项目的含义与特征

土地整理项目是指项目投资主体通过组建运作机构，按照可持续利用原则，在一定地域内投入一定的资金，根据土地开发整理规划和土地利用总体规划确定的目标，采取法律、经济、工程和行政等多种技术手段，综合整治水、路、田、村、林，调整土地利用状况，提高土地产出和利用率，促进生态环境和生产环境改善的一种方式。

实施土地整理项目，就是通过运用资金，并采取工程的方式来促使土地生产条件改善，从而在一定时间内提供效益的活动。除了具有项目的一般特征外，土地整理项目还具有其他一些不同的特征，主要表现为以下几个方面，这在土地项目实施、规划和管理中尤其应该注意。

1. 基础性

确切来说，土地整理项目的实施是为了促进农业生产条件的改善，对农业资源进行充分的开发和利用，进一步提高土地生产力和农民收入，实现农村富裕，它追求的不是项目本身的直接经济利益。所以，土地整理项目具有非营利性的基础性特征。

2. 公益性

土地整理项目本身具有很强的综合性，它多是由政府部门投资，项目的实施也是由政府部门负责组织。

3. 综合性

土地整理项目具有很强的综合性，这是由于项目中包括了对水、田、村、路、林和山的综合整治，其中会运用到各种学科和工程技术手段，也需要多个部门的配合工作。

4. 地域性

土地整理项目具有明显的地域性，这是由于不同的地区，会有不同的人文背景条件，其社会经济和农业生产条件也各不相同，在项目的规划、设计和实施上会表现出鲜明的地域特征。

5. 效益的滞后性

总的来说，土地整理项目并不是一项能够立即获得投资效益的项目，这是由于土地生产力的提高本身是一个逐渐的、缓慢的过程，因此土地整理项目投资效益表现出明显的滞后性。

(二) 土地整理项目规划的内涵与特征

土地整理项目规划指的是在符合土地整理规划和土地利用总体规划的前提下，加强农田基础设施配套建设，调整地块物理形态，在三维空间和时间上建立合理有效的土地利用布局和土地利用结构，实现土地潜力的充分挖掘和土地利用效率的提高而作出的有关布置与安排。土地整理项目规划可以扩大再生产，形成有效生产能力和新增固定资产，且具有具体内容、可测目标和明确范围的投资建设活动。它立足于总体规划的实施，是土地整理规划的进一步补充和深化，在其原则、目标、方针上进行了又分解和再落实。如有需要，可适当调整和改善规划内容。

以下为土地整理项目规划的几个基本特征：

(1) 建设目标和范围明确。

第五章 土地整理项目的规划

（2）工程布局方案明确。

（3）土地利用结构调整方案明确。

（4）建设标准和内容明确。

（5）工程进度计划明确。

（7）投资估算及分年度投资计划明确。

（8）有明确的规划效益指标。

二 土地整理项目规划的目的

事实上，土地整理项目规划其实是为了促进土地利用结构的高效化、合理化和集约化，促进土地利用效率的有效提高，以此来满足现今社会和经济发展对土地数量和土地质量的需求。这一目的在不同的发展时期内可以有多个层次的理解。从现阶段社会和经济发展对土地需求层面来看，土地整理项目规划有以下五个方面的目的。

（一）增加耕地面积，提高土地利用率

在充分挖掘现有土地利用潜力以及废弃土地的前提条件下，运用法律、经济、行政和工程等多种技术手段综合整治水、林、路、村、田，对那些因工矿生产而造成挖损、压占、塌陷的废弃土地进行复垦，增加有效耕地面积，弥补因建设用地而形成的耕地面积减少，实现耕地保护。这是现阶段土地整理项目规划的主要目标和任务。

（二）调整土地关系，使土地关系适应土地生产力提高的要求

适应社会生产力发展，重新调整和组织重配土地利用中人地之间、地地之间以及人人之间的相互关系，合理开发、利用和保护土地。

（三）扩大综合生产能力，提高土地产出率

调整土地利用强度和方向，促进生态环境和土地生产条件的改善，保持和提高土地再生产能力，满足人们生产和生活所需。

（四）提高全社会的现代化水平

适应现代化生产要求，土地整理项目规划的实施必不可少，它是一个资源再配置的过程，为现代化建设提供更为广阔和充足的土地资源空间。从实践中我们可以得出，土地整理为现代化建设创造了更多可能，对于现代化建设来说具有必要性。

(五) 实现土地资源的景观功能

土地整理项目规划不应只从其可能带来的经济效益上来考虑，应具有可持续发展性思维，充分考察到生态效益和社会效益。景观功能对社会效益和生态效益的提高起着明显的促进作用，是精神和物质文明发展必不可少的一个内容和要求，所以，要尽可能实现土地整理规划中土地资源的景观功能，将其作为一个重要目标。

三 土地整理项目规划的原则

应从生态环境的保护和改善出发进行土地整理项目规划，贯彻"十分珍惜、合理利用土地和切实保护耕地"的基本国策，重点进行内涵挖潜，以提高土地利用效率和增加农用地为立足点，促进经济、社会和生态效益的完美统一。

根据以下原则进行土地整理项目规划编制。

(一) 因地制宜的原则

根据土地利用限制因素分析、土地利用现状分析以及适宜性评价来确定工程布局、土地利用布局和土地权属调整方案，合理利用项目区土地。对于土地性质，每个地区都会有不同的要求，因此要遵循因地制宜的原则，根据地区的具体情况来进行土地整理项目规划编制。

(二) 可持续利用的原则

不管是环境还是土地本身都会经历一个逐渐的演变过程，而人为的干扰则会使这一演变加速。反过来，这一演变会造成土地形状和生产能力的改变，从而对土地利用造成直接或间接的影响。所以，要加强预测分析，在改变土地利用方式时，要分析可能会出现的后果，力图保持其良好的发展态势，能够利于后期的长远利用与发展，也就是实现土地利用方式的最适宜，这样才有可能实现土地持续利用的目标。

(三) 可行性的原则

在确定土地整理规划目标后，要进行规划方案的制定。而为了实现这些目标，必须要仔细考虑可能需要和必须运用到的生物措施以及工程措施，考察和分析规划方案的可行性。通常规划方案有以下几个含义：项目规划要因地制宜，根据地区社会经济、资源和经济条件规划实施；坚持"完整性"原则，要具备长远的思维，不能贪图眼前小利，造成"只见树木，不见森林"的现象，避免规划失误。比如在南方丘陵开展实施的某项目中，在规划时一味关注项目区的排水而忽视了承泄区的合理，这虽然有利于项目区，但是另一方面却对项目区外的耕地造成了一定程度上的伤害，这是极为不合理的；工程技术具有操作性，预期目标得以实现；成本在可承受范围内，产出高于投入，规划方案在经济上是可行的；坚持"缺什么，补什么"的原则，利用现有的农田基础设施工程；权属调整方案可操作性强，权属纠纷减少。

（四）土地整理与保护和改善生态环境协调统一的原则

要注意协调土地整理与生态环境保护和建设的关系。在进行土地开发时，要仔细做好调查和评价工作，要考虑到灌溉和水资源条件，不能对生态环境造成破坏，禁止陡坡开垦、毁林开荒、破坏天然湿地和乱垦草场。通常我们可以从以下几个方面来实现两者统一：

（1）要依法办理对荒地、荒山和荒滩等未利用土地开发的审批手续，要对其规划编制和项目的确定进行科学的论证。

（2）要加大生态退耕区的川地和平坝区等基本农田的土地整理力度，进行"坡改梯"改造。

（3）对于土地风蚀沙化严重、水资源短缺的地区，要坚持"以水定地"，重点进行农田整理，进一步完善防护林网和节水设施建设，促进土地产出效益和生态环境的提高与改善。

（五）土地整理与农业生产结构调整有机结合的原则

土地整理要有效结合农业生产结构，应根据农业生产的需要以及土地的适应性来确定整理土地的用途。按照项目规划设计将未利用、破坏以及闲置的土地整理成园地，经项目验收具有耕作条件的可作为补充耕地，在土地变更调查时按可调整园地统计。在非农建设中要占用耕地时，要办理农用地转用审批，并实行"占一补一"。

四 土地整理项目规划的任务

土地整理项目规划必须完成以下基本任务。

（一）分析项目区基本情况

介绍项目区范围、四至、覆盖范围、总面积、地理位置、社会经济条件、基础设施现状以及项目建设带来的影响。

（二）分析项目区土地利用状况

分析项目区的土地利用类型、结构、面积以及土地权属和存在的主要问题等；确定土地利用布局方案，进行土地适宜性分析；确定排灌技术和方法，水资源平衡分析；新增耕地潜力分析。

（三）确定规划目标和方针

从项目区的基本情况以及项目建设目的出发，确定土地利用方式、工程配套建设等项目规划中要解决的主要问题；根据规划目标，确定规划原则。

（四）编制土地整理项目规划方案

方案的编制对土地整理项目规划实施具有指导性意义，是整个规划的核心，其主要内容有：确定工程和土地利用布局、确定规划标准、调整土地权属、调整土地利用结构、筹集使用资金和估算投资规模。

（五）对规划方案进行评价

要从经济效益、社会效益和生态效益三方面来客观评价规划方案。经济效益是指产出包括新增耕地产值、原有耕地质量提高后的产量增加、经营成本节约等；社会效益是指对农村社会、项目区农业产生的影响，比如生产条件、就业、生产力、土地利用方式的可持续能力等；生态效益则是指绿色植物覆盖率，解决土壤退化和水土流失问题，改善灌溉水质等方面。通过综合评价规划方案，选出综合效益最优方案。

（六）确定项目区的建设内容和建设标准

明确项目区的建设内容和标准，建设内容通常包括农田水利工程、土地平整工程、田间道路工程和其他工程等并对其标准进行界定。

（七）制定实施规划的措施

要制定有效措施来确保项目规划的顺利实施，通常会考虑到项目实施管理、项目领导机构和项目资金管理等三个方面。

五　土地整理项目规划的程序

（一）准备阶段

这一准备阶段的主要内容有制订工作计划、成立组织机构、收集工程规划所需资料和实地勘察等。

（二）分析与评价

分析与评价的内容主要有相关规划对项目区土地利用的影响分析、土地利用现状分析、水土资源平衡分析和土地适宜性评价。

（三）提出规划方案

土地整理工程规划涉及土地利用结构调整、土地利用结构布局、土地利用工程配置、土地平整、土地分配以及土地权属调整等多项内容。

（四）评价与确定规划方案

规划方案的评价与确定主要包括效益评价、技术可行性和规划方案的确定。其中，效益评价主要是从经济效益、生态效益和社会效益等三个方面考虑。技术可行性主要是从对规划技术可行性和实现项目规划方案的保障程度进行分析。规划方案的确定就是比较不同的规划方案，从中选出最优方案。

（五）编制项目工程规划

项目工程规划编制包括项目图件的编绘以及规划说明和报告的编写。项目规划报告主要包括前言、项目概况、项目规划方案、项目分析、项目实施措施、项目规划图件和规划方案评价。

（六）审批与实施项目规划

项目批准单位审批项目工程规划，主要从投资审查和技术审查两方面入手。工程规划方案审查通过，项目即可批准实施。

六　土地整理项目规划的成果

土地整理项目规划的成果应包括项目规划文本、规划说明及规划图件。

(一) 项目规划文本的内容

1. 前言

在前言中应简要介绍项目建设的来源、项目建设的意义、项目建设的目的、项目规划的依据和任务、对项目可行性研究报告立项的批复情况。

2. 项目概况

(1) 项目区的范围、地理位置、社会条件、经济条件、自然条件以及种植情况。

(2) 项目区所在行政区域的简况。

(3) 项目区的电力、水利和道路等基础设施现状，以及对项目建设的影响。

(4) 包括土地利用面积、类型、结构，以及土地权属和土地利用中存在的问题等土地利用现状。

(5) 水资源平衡分析。

(6) 土地适宜性分析。

(7) 新增耕地潜力分析。

3. 规划目标和方针

(1) 确定规划目标。

(2) 根据目标，确定规划原则。

4. 规划方案

(1) 规划标准。

(2) 项目区土地利用总体布局。

(3) 土地利用工程布局。

(4) 土地利用结构调整。

(5) 土地权属调整。

(6) 投资规模估算和资金筹集使用。

5. 规划方案评价

(1) 经济效益。

(2) 生态效益。

(3) 社会效益。

6. 从项目实施管理、项目领导机构和项目资金管理等方面来阐明规划实施所需采取的措施。

（二）项目规划说明的内容

（1）项目规划过程。

（2）项目调整情况。

（3）规划标准与有关技术问题。

（4）主要资料引用和来源。

（5）与有关部门规划（部门意见）的协调处理。

（6）规划方案的选择。

（7）其他需要说明的问题。

（三）规划图件

（1）项目规划图。

（2）项目区土地利用现状图。

（3）土地整理工程布局图。

第二节　土地整理项目规划方案的编制

规划方案是土地整理项目规划的核心内容，规划方案的编制是为了能够根据土地整理的要求及其潜力来科学有序、合理地对土地整理项目进行安排和组织。在规划方案的编制中要做到有章可循，并且要掌握土地整理项目规划方案编制的基本要求和具体内容，这样才能确保土地整理规划编制工作得以顺利实施和进行。土地整理项目规划方案的编制通常包括以下五个方面。

一　土地整理项目规划标准

（一）农田水利工程规划标准

可根据水土资源、水文气象、灌水方式、灌溉规模、经济效益、作物组成等因素确定灌溉设计保证率，选定标准要符合水利行业有关规范。

应根据排水区的涝灾严重程度、自然条件等因素，并通过技术经济论证来确定排涝标准的暴雨期,通常为5—10年。

根据地面坡度、排涝面积、暴雨特性、植被条件、河网和河湖调蓄情况,农作物的耐淹历时和耐淹水深,经论证后确定设计暴雨历时和排出时间。通常水稻区采用3—5d,暴雨3—5d排至耐淹水深,旱作区1—3d,即暴雨从作物受淹起1—3d排至田面无积水。

根据当地或者邻近地区的实测资料分析和确定设计排涝模数。若是不具备实测资料,则根据排水区的生产发展水平以及自然经济条件来通过经过论证的公式进行计算。

根据当地或邻近地区的农作物种植经验或实验,并经过论证和调查分析来确定设计排渍深度、耐渍时间、耐渍深度及水稻田适宜日渗漏量。

要采用当地或邻近地区的实测资料来确定设计排渍模数,若无实测资料,可采用经过论证的公式计算。

(二)农村道路建设标准

根据主要功能以及使用特点,可将项目区内的农村道路生产路、田间道、主干道和支道。主要是从道路纵坡、宽度等方面来界定农村道路建设标准,具体如下:

道路纵坡:丘陵地区小于8%,干道平原地区小于6%,个别大纵坡地段通常不超过11%。田间道最小纵坡应取0.4%—0.5%,以满足雨雪排除要求,最大纵坡则应为6%—8%。[1]

道路宽度:生产路路宽通常约为1m,田间道为3—4m,干道为6—8m,支道为3—6m。

(三)农田生态防护林标准

农田生态防护林的建设标准应该根据该地区的气候、地形、风害等因素及其特点,遵循因地制宜的原则对林带的种类、结构、横断面积、宽度和高度加以确定。

林带走向最好是垂直于主害风向,偏角应该要小于或等于30°。在灌溉地区,通常其林带与渠向相同。

---

[1] 高甲荣、齐实:《生态环境建设规划》,中国林业出版社2006年版,第81页。

风害程度一般的沙壤土或壤土,以及风害较小的水网区和灌溉区,宜保持200—250m的主林带间距,而副林带为400—500m,网格面积则为8—12.5hm²;易受台风侵袭的水网区以及风害较大的耕地,保持150m的主林带间距,而副林带为300—400m,网格面积为4.5—6hm²[①]。

二 土地整理项目布局

对于项目的总体布局,必须首先要对项目区的资源、自然条件以及社会经济条件进行综合分析,然后在此基础上根据自然灾害的治理原则以及土地整理的要求,统一规划水、路、田、村、林,促进水土资源的合理利用。合理布局水源工程、土地平整工程、排水工程、灌溉工程、道路、林带、承泄区、各种建筑物、居民点、通信和输电路线、管理设施、水土保持工程、农田防护工程,进行项目区总体规划布置图的绘制。

(一)总体布局

通常从以下五个方面来进行项目的总体布局:

(1)在土地适宜性评价的基础上,根据项目区的地貌地形、社会经济发展和农业生产条件,统一规划园地、耕地、林地、居民点、牧草地、养殖水面、农田水利用地等,并仔细确定各类用地的比例、数量以及空间布局。

(2)根据当地的土壤、气候、水土资源、劳动力、种植习惯等,在广泛征求相关部门意见的基础上,按照国家宏观调控要求以及市场发展需要,对各类作物的种植面积和复种指数进行安排调整并加以区分确定,得出最佳的作物种植结构。

(3)根据项目区内已有的水利设施,以及项目区内和外围的水资源和水文条件类型确定水利设施的位置、等级以及数量。

(4)根据项目区内的水利沟渠布局和地形情况,以及外围地区的交通设施状况,确定项目区内交通道路的位置、数量以及类型。

---

① 高甲荣、齐实:《生态环境建设规划》,中国林业出版社2006年版,第83页。

（5）根据当地风的强度、主导风向和气候条件，确定生态防护林的树种、数量、布局、规模以及结构。

(二) 土地利用布局

1. 土地利用布局

土地利用布局是指根据当地的社会经济、自然、资源条件以及社会经济发展要求，实现对项目区内土地利用的空间布局上的最优化，使土地发挥最大的总体功能。土地利用布局能够起到改变和强化土地利用现状的作用，使土地的总体功能得到最大程度的发挥，此外，它还是一种对土地利用发展状态的预先设计与安排，能够促进土地的综合、协调利用。可从以下几点考虑土地整理项目区土地利用布局：

（1）增加有效耕地面积。增加有效耕地面积是土地整理的一个主要任务和目标，是为了能够弥补因建设用地而侵占的耕地，以实现耕地总量动态平衡。对于性质不同的项目的新增耕地率，国土资源部土地整理中心的项目管理办法中有明确的要求。所以，保有一定的耕地面积应是土地利用布局中应该首要考虑的问题，要实现项目区域内耕地和人口之间的平衡。后备资源有限时，要注意统筹兼顾，对农用地和工程用地进行合理的安排和精心的设计，以实现有效耕地面积的增加。

（2）对农用地的生态过程进行合理的控制，促进农田生态系统的良性循环。土地整理的一个重要任务就是实现生态环境的有效改善，促进与保护和改善生态环境的协调统一。土地利用在农业系统中是相对于农业生物系统而言的，农业生物系统的一个重要外界条件是土地，必须要形成和建立一个合理、高效的人工控制系统，不断扩大控制环境范围以及能力，使综合效益不断增强，从而实现农业生态系统的高效和优质化发展。

（3）对土地利用的强度和方式加以控制。比如，对丘陵山区25°以上坡地进行退耕还林，合理限制和规划不同地区的设施用地规模，通常将养殖用地安排在水源丰富的地区，居民点则在交通较为便利的地区，而园地需在向阳面。

（4）项目区的土地适宜性和水资源条件应该是土地利用布局中应

该考虑的一个重要问题,要经过仔细的分析对比然后加以确定,同时还要使其与项目区土地适宜性评价和水资源平衡分析一致。

2. 预留居民点用地布局

在项目区中有居民点,且较小而分散时,应进行居民点的拆迁和归并等,所以,在土地利用布局中的一个重要部分就是预留居民点用地布局。

以下为预留居民点用地选址应该要遵守的几项原则[1]:

(1) 安全卫生。选址地区的地质结构要稳定,泥石流与洪涝等自然灾害较少,同时要处于上风口,无污染源。

(2) 对外交通方便。为方便居民出行,必须要有骨干道路连接等级公路。

(3) 生产经营半径合理。生产经营半径指的是从居民点到各耕作田块的平均距离。居民点处于生产经营中心位置为最佳。

(4) 尽可能避免占用耕地。荒山、荒地以及废弃地等应作为居民点选址的首要选项,应尽量避免出现占用新耕地的旧居民地复垦。

3. 耕作田块布局

耕作田块是末级固定田间工程设施所围成的地块,是轮作、工程建设、管理和田间作业的基本单位。耕作田块是否合理会对防护林带、田间作业、灌溉排渠等作用的发挥以及管理便利性和生产效率产生直接有效的影响。田块布局应从多方面因素和角度综合考虑,要注重作物的生长发育,有利于田间机械作业,同时还要注意水土保持,以及要能够满足防风和灌溉排水的要求。主要是从体块的宽度、长度、规模、形状和方向等来进行耕作田块的综合规划设计。

(1) 耕作田块方向

耕作田块方向的布置应该选择南北向,以保证充足的光照和受光热量。通常有以下几点规则:

在坡地上,地块方向会对地表径流大小以及冲刷过程发展可能性

---

[1] 卢新海、谷晓坤、李睿璞编著:《土地整理》,复旦大学出版社2011年版,第97页。

产生一定程度的影响,同时也会对畜力和拖拉机的使用造成影响。因此,在坡地上应采取横坡种植和耕作,目的是为了使地表径流和土壤冲刷量有效减少,以及提高机具使用效率。通常在风蚀区,其主林带都安排在耕作田块的长边上,所以,为了实现最佳的防风效果,耕作田块应与主害风向垂直线交角小于30°—45°或是垂直于主害风向的位置布置。在盐渍土地区,应使末级排水沟(农沟)与地下水流向垂直,利于截排地下水,实现最佳的排碱洗盐效果。所以,耕作田块的长边须与地下水流向垂直。

(2) 耕作田块长度

耕作田块长度的规划主要考虑的是要利于机械作业的提高以及促进田间生产的合理组织,此外还要有利于平整土地和组织灌水。应保证一定的田块长度,拖拉机在地头空行转弯的次数受田块长度的影响,长度越长,次数则越少,而工作效率越高,机件磨损以及耗油量也会明显减少,这样就能够有效提高农业机械的工作效率。通过实践证明,田块长度增加,则机械作业效率有效提高,但是两者之间并不是正比关系。所以,为了实现更高效率的机械作用,田块应具有一定的长度,但不宜过长。此外,要考虑灌溉的要求,根据末级固定渠道要求的控制面积以及适宜长度确定田块的长度。而在地面平坦的北方地区,主要为旱作,更容易进行机械作业,其耕作长度可以更长。

由此可见,耕作田块的长度可以从田块平整度、排水畅通度、灌溉均匀程度以及机械工作效率等多个方面进行考虑以及确定,通常田块的长度保持在500—800m。

(3) 耕作田块宽度

要考虑机械作业要求、田块面积、防止风害以及灌溉排水等要求,此外还应考虑到地形和地貌等限制性因素。下列为田块要求宽度参考数据[①]:

机械作业要求宽度200—300m;

---

① 卢新海、谷晓坤、李睿璞编著:《土地整理》,复旦大学出版社2011年版,第98页。

防止风害要求宽度200—300m；

灌溉排水要求宽度100—300m。

（4）耕作田块形状

为了创造田间管理和机械作业的良好条件，要求田块形状完整，尽可能使短边与长边形成直角，形状选择依次为长方形、正方形、梯形、其他形状，长度比不小于4∶1为宜。在具有河流和山谷等自然边界较多的地区，将自然边界规划为地块短边是为最佳，可采用自然边界的实际曲线，以此可减少土地浪费，同时也不会对机械作业造成干扰。耕作田块的边界并不是能够随意确定的，要结合路、林、沟、渠以及其他自然界线。

（5）耕作田块内部规划

根据土壤质量以及气候和地形地貌等一些自然特征，进行进一步的田块内部规划。

①平原地区。水田最好是采用格田形式。格田设计须保证灌排调控方便，排灌畅通，同时还要能够满足水稻作物不同生长发育阶段对水分的需求。格田的长度宜保持在60—120m，宽度则为20—40m。用田埂作为格田之间的界限，埂高最好是40cm，埂顶宽为10—20cm，旱地田面坡度应限在1∶500以内。

②丘陵山区。在丘陵山区的坡耕地上，进行水土保持是一项提高作物产量的重要措施，所以修筑梯田是其坡耕地整理最主要的形式。梯田主要分为隔坡梯田、水平梯田和坡式梯田几种类型，其中以水平梯田为主。

③滨海滩涂区。这一地区的耕作田块设计要特别注意的是降低地下水位，洗盐排涝，改善土壤和生态环境。在开发利用中宜采用挖沟垒田，培土整地办法。以洗盐除碱和降低地下水位的滩涂田块与田地的田面长最好是300—400m，宽30—50m。

4. 作物种植结构布局

应重视当地农业部门的意见，结合意见确定项目区农作物种植结构，其中还要考虑到当地的土壤、种植习惯、气候、劳动力和水土资源等多种条件和因素，并根据国家宏观调控以及社会经济的发展要求，按照作物的重要性以及作物的种类来安排和确定每一种作物的复种指数以及种植面积，从而得出最佳种植结构方案。对于各作物的复种指数以及种植面积的分区确定，要仔细考虑土壤条件以及当地的气候条件，同时还要符合优质、高效和高产的农业原则，满足国家宏观调控以及市场经济发展的要求。

（三）农田水利工程布局

农田水利工程指的是在水资源合理利用以及综合治理旱、涝、洪、碱、盐的前提下，改造灌排渠系统、建筑物以及水土资源，其中主要包括喷微灌工程、排灌工程、排灌电气工程以及竖井工程等。农田水利工程布局有如下几项要求：

（1）遵循蓄泄兼筹原则，进行防洪工程设计，确定防洪标准，将防洪工程作为项目区总体布局中的一个重要内容。

（2）灌溉系统和排水系统的布置应协调一致，满足灌溉和排涝要求，有效地控制地下水位，防止土壤盐碱化或沼泽化。

（3）自然条件存在较大差异的地区，应根据当地的自然和社会经济条件，确定灌排分区，并分区进行工程布置。

（4）对于土壤盐碱化或可能产生土壤盐碱化的地区，应根据当地的水文气象、土壤、水文地质条件以及地下水运动变化规律和盐分积累机理等，进行土壤改良分区，并提出相应的防治措施。

（5）提水灌区应根据地形、水源、电力和行政区划等条件，按照总功率最小和便于运行管理的原则进行分区、分级。

（6）灌溉方式应根据作物、地形、土壤、水源和社会经济等条件，经分析论证确定。

（7）排水方式应根据涝、渍、碱的成因，结合地形、土壤、水文地质等条件，经分析论证确定。

（8）山区、丘陵区应遵循高水高用、低水低用的原则，采用"长藤结瓜"式的灌溉系统，并宜利用天然河道与沟溪布置排水系统。

（9）平原区宜分开布置灌溉系统和排水系统，可能产生盐碱化的平原灌区，灌排渠沟经论证可结合使用，但必须严格控制渠沟蓄水位和蓄水时间。

（10）沿江、滨湖圩垸区应采取联圩并垸、整治河道、修筑堤防涵闸、分洪蓄涝等工程措施，在确保圩垸防洪安全的前提下，按照以排为主、排蓄结合、内外水分开、高低水分排、自排提排结合和灌排分开的原则，设置灌排系统和必要的截渗工程。

（11）滨海咸潮区应在布置灌排渠系的同时，经技术经济论证设置必要的挡潮、防洪海塘、涵闸及引蓄淡水工程，做到拒咸蓄淡，适时灌排。

（12）排水承泄区应充分利用江河湖淀，并应与排水分区及排水系统的布置相协调。排水干沟与承泄河道的交角宜为30°—60°。

下面就田间灌溉渠系、井灌工程、喷灌和微灌工程的布置予以介绍。

（1）田间灌溉渠系布置

根据不同的地形条件，田间灌溉渠系布置又分平原和圩区的田间渠系、山区、丘陵区的田间渠系、田间地下输水管道布置三种。

①平原和圩区的田间渠系。在平原和圩区的田间渠系，根据沟渠的相对位置和不同作用，斗、农级渠系布置主要有灌排相邻、灌排相间、排灌合渠三种基本布置形式。

A. 灌排相邻布置：灌溉渠道和排水沟相邻平行布置。这种布置形式适用于地形有单一坡向、灌排方向一致的地区。

B. 灌排相间布置：渠道向两侧灌水，排水沟承泄两侧的排水。这种布置形式适用于地形平坦或有一定波浪但起伏不大的地形。灌溉渠布置在高处，排水沟布置在低处。

上述两种布置都是"灌排分开"的形式，其主要优点是有利于控制地下水位。这不仅对北方干旱、半干旱地区十分重要，可以防止土壤盐碱化，而且对南方地区也很有必要。因为地下水位过高，土温降低，土壤冷浸，通气和养分状况变坏，严重影响作物生长，对水稻生长也十分不利。同时，因为灌溉渠和排水沟分开布置可以按各自需要分别进行控制，两者没有矛盾，有利于及时灌排。因此，"灌排分开"的布置形式是平原、圩区田间渠系的主要形式，应积极推广。

C. 排灌合渠布置：这种布置形式只有在地势较高，地面有相当坡度的地区或地下水位较低的平原地区才适用。在这种条件下，不需要控制地下水位，灌排矛盾小。格田之间有一定高差，灌排两用渠沿着最大地面坡度方向布置（可根据地面坡度和渠道坡降，分段修筑跌水），控制左右两侧格田，起到又灌又排的作用，可减少占地面积并节省渠道工程量。

②山区、丘陵区的田间渠系。山区、丘陵区坡陡谷深，岗冲交错，地形起伏变化大，一般条件下是排水条件好，而干旱常常是影响农业生产的主要问题，但山丘之间的冲田，地势较低，多雨季节山洪汇集，容易造成洪涝灾害。另外，冲、谷处的地下水位一般较高，常常形成冷浸田和烂泥田。因此，田间渠系的布置必须全面解决旱、涝、渍的危害。

山区、丘陵区的农田，按其地形部位不同，可分为岗、塝、冲、畈四种类型。其中岗地位置高，塝田位于山冲两侧的坡地上，冲田在两岗之间地势最低处，冲沟下游和河流两岸，地势逐渐平坦，常为宽广的平畈区。

山区、丘陵区的支、斗渠一般沿岗岭脊线布置。农渠垂直于等高线，沿塝田短边布置，由于塝田是层层梯田，两田之间有一定高差，农渠上修筑跌水衔接。农渠多为双向控制。塝田地势较高，排水条件好，所以农渠多是灌排两用，每一个格田都设有单独的进出水口，以避免串排串灌。

③田间地下输水管道。将田间明渠改为地下暗渠，不仅可以减少渠道的挖、填面积，扩大耕地面积，而且具有输水快、渗漏少，便于机耕和交通的优点。但一般投资费用较大，属于固定性永久建筑。

要因地制宜确定地下渠道的灌溉范围，既要能够有利于管理和灌溉，同时还要能够尽可能节省工程投资。主要是从以下几个方面来进行规划布置：要尽可能使渠线布置最短，但同时还要保证地下渠道能够控制整个灌溉面积；渠线不能弯曲，以此减少水头损失以及有利于土地利用规划；渠线必须要沿高地布置，以利于放水口和分水井的出水和分水；要结合机耕道选择路线，实现地下是暗渠，地面为道路的

第五章　土地整理项目的规划

路渠结合模式。

通常地下管道的布置分为两边分水式和一边分水式两种。

在地面较平坦而没有明显陡坡的地区较为适用两边分水式，在灌区中间布置主管道，在主干管道上隔一定的距离建筑一个配水井，将分支管道布置在配水井的两侧，在分支管道上隔一定距离建筑一个放水井和用水井。

而有一定坡度的地段则较为适合一边分水式，主干管道是沿高地一边布置，向一边布置分支管道。

（2）井灌工程布局

为了有效控制和实施地下水的开发，在进行地下水开发利用规划的制定时，要仔细考察和分析各含水层的可采资源，明确开采水量以及水井数目，实现合理的分层布局。有充足浅层淡水的地区，主要是进行浅层水的开采，且通常都较少开采深层水，并将其作为后备资源以供干旱时期所需。地面无可供用水且浅层水缺乏的地区，则可适当有计划地进行深层水的开采，要避免由于盲目开采而造成的地下水位下降，地面下沉和咸水界面的下移。

在进行水井的平面布置时，要综合考虑地形、提水机械、水资源状况、作物布局、老井以及当地的水文地质条件，确保灌溉工作在何时都能有效进行，取水条件不恶化，取水量保持或提高。

其水文地质条件整体差异较小，地下水资源和水补给较为充足且地下水补给量与利用量基本保持平衡时，井的灌溉面积与出水量决定水井之间的距离。对于地下水补给量无法满足灌溉用水需要的地区，井的数量和井之间的距离是由每个水井的出水量以及各含水层容许的开采模式所决定，实现均匀的大面积补给，遵循平均收益原则。

在确定井距后，之后的布井工作中要综合考虑地下水流向、地形、输电路线以及作物种植等多种条件。在成排布井时，要注意垂直于地下水流方向，呈梅花形布置各井位，也可根据实际情况进行布置和改动，在布置输电线路时应充分考虑经济合理性，呈放射状将变压器布置在负荷的中心位置，进行全面规划，打破布井过于密集或无井的局面。情况允许时，可适当将井位布置在高地上，这样有利于输水，同时还能控制最大灌溉面积。

（3）喷灌和微灌工程布置

水资源紧缺或经济作物地区，应根据灌区的地形、土壤、水源、作物以及经济等多种条件来确定微灌、喷灌或其他组合系统。形成喷灌系统与农业适度规模经营的协调一致。情况允许时，可适当将微灌、喷灌与乡镇供水有效结合起来。

①喷灌系统

根据设备组成，喷灌系统主要分为两个类型，即机组式喷灌系统和管道式喷灌系统。管道式喷灌系统又分为半固定式、固定式喷灌系统。在进行喷灌系统的规划设计时，要进行必要的技术经济比较，在反复的比较以及经过管理运用要求的多重考虑下，实现规划、设计和管理三者的紧密结合。

选定喷灌系统形式时，要仔细考虑作物种类、地形、设备、经济条件以及各种形式的喷灌系统的优势和缺点。如具有较高的经济价值、喷灌次数较多的作物种植区，则适合固定管道式喷灌系统，在坡度较陡的丘陵地区，则较适合于固定式管道系统。

在进行管道布置时，要综合考虑水源和实际地形等条件，经过分析得出多种布置方案，在技术经济比较后选择最优方案。通常布置管道系统要遵循以下几项原则：

A. 要考虑各用水单位的用水需求以及管理便利，同时还要有利于组织和迅速分散流量。

B. 尽可能使管道总长度短、造价低，更好地防护水锤。

C. 在垄作田内，通常支管要与作物种植的方向保持一致，而在丘陵和山区等地则沿等高线布置。若有可能，可以使支管与主风向保持垂直。

D. 管线的纵剖面应该要避免折点。管线有"驼峰"时，应避免产生负压。

E. 要保持支管上各个喷头的工作压力相同，偏差小。由上而下在陡坡上布置支管时，管径要小，使摩擦损失增加以抵消由高差引起的过高压力。若是向上进行管道铺设，则支管要短，坡度要大于1%—2%，支管首尾的压力差要小于工作压力的20%，这时喷头工作流量约差10%。需要对支管的直径加以改变时，其规格不可太多，最多两种，这样比较利于管理运用。此外，若是布置管道的地块较为不规则时，要注意保持上一级与下一级管道长度相同，这是出于对喷灌质量的要求。

F. 将抽水站布置在喷灌系统的中心位置，有利于减少输水的水头损失。

②滴灌系统

在滴灌系统的规划设计前，需要进行资料的收集，如气象、土壤和农业等相关的资料。水源位置、滴灌面积所在位置、道路、村庄、现有田块布置等都应一一标注在地形图上。要仔细分析项目区内的水源水质并测出其pH值，弄清其中污物和泥沙的含量以及锂、硼的含量，以硝酸盐和硝酸铵形式存在的含氮量等。

通常将滴灌系统的管道分为干管、支管和毛管三级，在具体工作中要注意将三级管道互相垂直布置，使管道达到最短，这样有利于减少甚至是使水头损失达到最小。在平原，毛管的方向应与垄沟的方向一致，在丘陵、山地等地区，干管多布置在较高位置平行于等高线或沿山脊处，支管与等高线垂直，毛管平行于等高线并沿支管两侧对称布置，这样可以保证滴头出水均匀。

毛管布置合理与否以及滴灌系统的布置形式，会对工程的材料用量、造价以及管理运行造成直接有效的影响。果园滴灌中，每一株果树之间的距离较大，并且具有较高的水果产值，所以采用固定式滴灌系统是可行的，同时还可以采用移动式滴灌系统。就目前来看，我国正在发展大田作物滴灌，并且采用的都是移动式滴灌系统，这样可以有效减少塑料管材用量和降低工程造价。通常在长40—50m的毛管上会有5—10m不装滴头，这一处称为辅助毛管，这可以使毛管在支管上下10—20m、两侧60—80m范围内移动，控制灌溉面积667—1333m^2。

(四) 田间道路工程布局

田间道路工程指的是直接服务于农业生产的建设的生产路以及田间道路，通常分为四个级别，即干道、支道、田间道和生产路。它是农田基本建设的一个重要组成部分，与交通运输、农业生产、农业机械化的实现以及农民生活紧密相关，所以，在项目区田间规划中道路的全面规划是必不可少的一项重要内容。

通常，项目区的农村机耕道路沿斗、支、农灌排渠沟布置，有利于运输和机耕，有利于田间管理，且沟、渠、路、林的配合形式有利于排灌，不会对作物的光照条件造成影响。沟、渠、路有三种配置形式。

1. 沟—渠—路

道路在斗渠一侧，布置在灌水田块的上端。这便于农业机械的入田工作，并且当前道路可修窄。机械化程度的提高更利于道路的拓宽，但是也必须要加强涵管和小桥的修建，因为机耕道要跨过所有的农渠。

2. 沟—路—渠

将道路布置在水田块的下端，位于灌、排渠沟之间。这可以使道路与末级固定沟渠不相交，但是需要修建较多的交叉建筑物以便于农业机械入田间跨越沟渠，而且今后机耕道的拓宽也相对较为困难。

3. 路—沟—渠

将道路布置在灌水田块的下端和排水沟的上方位置。这可使道路与农渠相交，需要修建足够的交叉建筑物，这可以避免雨季时道路和田地的受淹和积水。

(五) 其他工程布局

除以上提到的工程布局外，土地开发整理项目还包括水土保持工程、固沙工程以及农田防护工程。水土保持工程包括水窖、谷坊、截流沟、集水池、护坡、沙地等，农田防护工程包括种草和种树。以下是几个主要常见的工程布局要求。

1. 防护林规划

应根据土地利用要求和自然条件规划林带宽度、林带配置方向、林带防护间距以及林带结构。布置农田防护林时主要考虑以下几点：

（1）与林业生产结合，促进防护林体系更加完善、完整。

（2）主林带应垂直于主风方向，副林带垂直于主林带。林带应与主风向之间有一定的偏角，但不得大于30°。

（3）应根据有效防风范围确定主林带的间距，通常为树高的15—20倍，以适应机械化耕作原则，根据田块和地形的布置情况确定副林带间距。

（4）根据土地利用情况、林带结构和当地环境确定林带宽度，尤其要注意因害设防。

2. 保护草规划

在风沙危害、水土流失较为严重的地区，要同时种植树以及草本植物，促进植被覆盖增加，蓄水保土，防风固沙，以有效减少沙移和径流。根据固坡要求、草被、土壤以及地形情况进行草场规划，与林业工程措施配合进行。

3. 治坡工程规划

治坡工程主要包括坡鱼鳞坑与水簸箕工程，截流沟、改梯工程，蓄水池、水窖等坡地蓄水工程。

通常鱼鳞坑布置在坡地上方，呈"品"字形上下排列，将水簸箕布置在集水凹地和较缓的坡地，其大小和间距应根据地面坡地、集水面积确定。

4. 治沟工程规划

治沟工程包括淤地坝、沟头防护工程和谷坊工程。淤地坝布局在沟谷较宽、比降较小的沟谷中下游，沟头防护工程布局在沟头，主要包括造林护沟、修筑土埝、截水沟埂和树桩埝，谷坊工程布局在沟谷比降较大、沟谷狭窄、切割较深，一般难以耕作的山区。

（六）农田景观布局

1. 荷兰土地整理与乡村景观规划

土地整理开展较早的国家为荷兰，其土地整理整整贯穿了20世纪荷兰农业的发展历史。土地整理与出台的土地整理法案在不同时期有不同内容，并且对荷兰乡村景观的变化形成了深刻影响。在20

世纪初，荷兰政府开展了大规模的土地整理以适应大规模的农业机械生产需要。1924年，为改善农业土地利用，发展农业，荷兰颁布了首个《土地整理法》，对不同土地所有者的土地进行了集中规整。这一法案对荷兰的农业发展产生了至关重要的影响。1938年，颁布了第二个《土地整理法》，其法案目的不变，只是简化了手续。但这一法案存在许多争议，因为其实施目标具有单一性，虽然提高了农业生产率，但是却毁掉了美丽的乡村景象。1984年，荷兰颁布第三个《土地整理法》，其中规定了在土地整理规划中景观规划应作为其中一项重要内容，自此乡村景观规划由林业部门负责，在荷兰获取了合法地位。在这一时期乡村景观规划仍然是为了农业生产而分离土地的使用类型，同时也开始涉及自然保育、景观管理和户外休闲等方面利益。

2. 农田景观规划

农业这一人为活动会对自然景观形成显著的影响。人类使用火和工具大大增强了其改变自然的能力，机械化的高速发展促进了耕地扩大和集约化农田的形成。自然景观向农业景观转变的一个重要标志就是原野上出现种植斑块，外来栽培植物的种植会改变区域的景观外貌。居住斑块的出现是农业景观发展另一个重要特点，农区村庄的出现会增加区域中的网格和廊道，使景观的联通性下降、破碎。此外，农业景观的发展会使伴人动植物和外来动植物出现，改变当地动植物区系，使自然景观外貌复杂化[1]。

土地开发整理促进农田集约化，但是却会使当地的景观多样化下降，增加了土壤侵蚀并使生物种类减少。此外，土地开发整理还会促进当地农业景观格局的改变，农药化肥使用和机械化耕种增加，造成了土壤板结、有机质减少和面源污染等严重问题，自然环境与农业景观皆发生了巨大改变。

所以，在进行土地开发整理项目规划时，要运用景观生态原理布

---

[1] 李红举、林坚、阎红梅：《基于农田景观安全格局的土地整理项目规划》，《农业工程学报》2009年第5期。

局土地利用单元，提高农业景观质量和保护农田自然景观，实现乡村社会、环境与经济效益的协调统一，促进农业的可持续发展。

农田景观规划的目的是调节自然环境与人类社会之间的关系，是以景观生态学的基本原理为指导，以实现农田景观的空间格局和结构最适宜化为目的进行的一项实践工作。农田景观规划体现的是从社会和自然角度去创造一种自然与技术相融，天人合一、情景交融的人类活动的最优农田环境。

农田景观规划就是为了能够对土地上的物质和空间进行合理安排，为人们创造安全健康、高效舒适的环境，促进整体乡村生态系统的可持续发展。

从空间布局出发的农田景观规划，必须要坚持贯彻以下几项原则：①进行自然植被斑块重建，增加分散的斑块和绿色廊道，恢复景观生态功能；②加强高校人工生态系统建设，进行土地集约经营；③合理扩张建筑斑块，节约居住用地和建筑用地，实现人居与自然环境的和谐统一；④统一安排水、山、林、田、路，综合治理水、土。

通过农田景观规划，要使其农田生态系统的生产力强于自然系统的生产力，与此同时还要保持生态可持续性。农田景观规划首先必须要增加景观异质性，形成新的景观格局。或是营造水利和生物廊道，或是改变斑块的大小、镶嵌方式、形状，形成粗粒或细粒、不均匀或均匀的景观格局。这些景观空间构型是基于气候、地形、地貌和生物然后再加入新的人类文化形成的，体现了人与自然的和谐相处和对可持续发展的积极探索。此外，还要将新的负反馈环引入到原有的生态平衡中，促进系统稳定。实行农林果结合、农林牧结合，或多种经营、综合发展，以促进生态系统的生产力有效提高，增加生态和经济效益。

3. 农田景观模式案例

农田景观模式是一种农田景观结构类型。水渠、道路、农田和村庄等不同土地利用单元共同组合构成了美丽的乡村景观。景观结构类型主要分为四种：棋盘状景观；分散的斑块景观；交错景观；网状景观。

以北京为例，其土地类型组合结构主要划分为：条带状组合结构；阶梯式组合结构；同心环状组合结构；重复式组合结构。

以下介绍我国几种成功的农田景观模式：

(1) 农田防护林的景观模式

农田防护林可综合影响作物产量、农田小气候、动植物状况以及土壤的湿度等。从形式上可将农田防护林主要划分为三种基本类型：在农田周围呈条带状分布，交织成网状；在农田内部间种植树木，树间距较大，近乎散生；成片林状态，农田周围分布一些树篱等天然生长的袋状植物，虽然其宽度和形状没有林带规则，和林带的起源也不同，但是也同样起着防护作用。在设计农田防护林时，选择的农田防护林形式应该要符合景观生态学，应避免盲目和千篇一律，要遵循因地制宜的原则[①]。

防护林网可视为农田景观中的廊道网络系统，从景观尺度上评价林网的空间布局，主要由其数量、分布均匀程度与空间构型来表征，可用林带与被防护农田斑块的面积比（林网带斑比）、林网的优势度、连接度和环度等指标建立数量界限标准。平原农田防护林区景观生态建设中，需要尽可能使最小的造林面积发挥最大的防护效果。在最小的重合度下占用较少的地面积，使被防护的农田全部处于林带防护范围内，为最佳的林网布局状态。森林覆盖率的重要限制因子为防护林区的水量平衡，在干旱区的绿洲应为 10%—16%，半干旱平原区为 14%—20%，半湿润平原区为 18%—24%。在干旱区林带配置采用小网格和窄带，半湿润区林采用大网格和宽带。

(2) 南方丘陵地区多水塘农田景观模式

在南方丘陵地区，以水稻田为基质的农田景观中分布着许多的面积不等的坑塘，主要分布在村旁、田间以及山麓地区，一般这些坑塘会成为陆地与较大内陆水体过渡带的组成部分。这种农田景观中水塘的典型比例大约为 5hm² 陆地一口塘，是由于亚热带季风气候雨量不均匀、不稳定，农民为适应这一特点根据水田耕作需要和丘陵地形而

---

① 李红举、林坚、阎红梅：《基于农田景观安全格局的土地整理项目规划》，《农业工程学报》2009 年第 5 期。

建成的田间工程系统。这种分散布局的小水塘群是我国南方农田景观生态建设的重要典范，能够起到对泥沙和地表径流的拦蓄作用，同时还能起到过滤 NP 营养物的重要生态作用。

三 土地利用结构调整

土地利用结构指的是各类用地之间的面积比例。土地利用结构的调整是基于对水、田、路、村、林的合理安排，合理布局和规划排水工程、土地平整工程、灌溉工程、水源工程、承泄区、各种建筑物、通信线路、输电线路、林带、居民点、道路、农田防护工程、管理设施、水土保持工程，并将各类用地数量计算出来。土地利用结构调整表格式可参照表 5-1[1]。

表 5-1　　　　　土地利用结构调整（GB/T 21010-2007）

一级 编码	一级 名称	二级 编码	二级 名称	含义
01	耕地			指种植农作物的土地，包括熟地，新开发、复垦、整理地，休闲地（含轮歇地、轮作地）；以种植农作物（含蔬菜）为主，间有零星果树、桑树或其他树木的土地；平均每年能保证收获一季的已垦滩地和海涂。耕地中包括南方宽度 <1m、北方宽度 <2m 固定的沟、渠、路和地坎（埂）；临时种植药材、草皮、花卉、苗木等的耕地，以及其他临时改变用途的耕地
		011	水田	指用于种植水稻、莲藕等水生农作物的耕地。包括实行水生、旱生农作物轮种的耕地
		012	水浇地	指有水源保证和灌溉设施，在一般年景能正常灌溉，种植旱生农作物的耕地。包括种植蔬菜等的非工厂化的大棚用地
		013	旱地	指无灌溉设施，主要靠天然降水种植旱生农作物的耕地，包括没有灌溉设施，仅靠引洪淤灌的耕地

---

[1] 参见彭荣胜《论土地整理与土地用途管制在耕地保护中的互补作用》，《中国土地科学》2001 年第 3 期。

续表

一级 编码	一级 名称	二级 编码	二级 名称	含义
02	园地			指种植以采集果、叶、根、茎、汁等为主的集约经营的多年生木本和草本作物，覆盖度大于50%或每亩株数大于合理株数70%的土地。包括用于育苗的土地
		021	果园	指种植果树的园地
		022	茶园	指种植茶树的园地
		023	其他园地	指种植桑树、橡胶、可可、咖啡、油棕、胡椒、药材等其他多年生作物的园地
03	林地			指生长乔木、竹类、灌木的土地，及沿海生长红树林的土地。包括迹地，不包括居民点内部的绿化林木用地，铁路、公路征地范围内的林木，以及河流、沟渠的护堤林
		031	有林地	指树木郁闭度≥0.2m的乔木林地，包括红树林地和竹林地
		032	灌木林地	指灌木覆盖度≥40%的林地
		033	其他林地	包括疏林地（指树木郁闭度≥0.1m、<0.2m的林地）、未成林地、迹地、苗圃等林地
04	草地			指生长草本植物为主的土地
		041	天然牧草地	指以天然草本植物为主，用于放牧或割草的草地
		042	人工牧草地	指人工种植牧草的草地
		043	其他草地	指树木郁闭度<0.1m，表层为土质，生长草本植物为主，不用于畜牧业的草地
05	商服用地			指主要用于商业、服务业的土地
		051	批发零售用地	指主要用于商品批发、零售的用地。包括商场、商店、超市、各类批发（零售）市场、加油站等及其附属的小型仓库、车间、工场等用地
		052	住宿餐饮用地	指主要用于提供住宿、餐饮服务的用地。包括宾馆、酒店、饭店、旅馆、招待所、度假村、餐厅、酒吧等
		053	商务金融用地	指企业、服务业等办公用地，以及经营性的办公场所用地。包括写字楼、商业性办公场所、金融活动场所和企业厂区外独立的办公场所等用地
		054	其他商服用地	指上述用地以外的其他商业、服务业用地。包括洗车场、洗染店、废旧物资回收站、维修网点、照相馆、理发美容店、洗浴场所等用地

续表

一级		二级		含义
编码	名称	编码	名称	
06	工矿仓储用地			指主要用于工业生产、物资存放场所的土地
		061	工业用地	指工业生产及直接为工业生产服务的附属设施用地
		062	采矿用地	指采矿、采石、采砂（沙）场，盐田，砖瓦窑等地面生产用地及尾矿堆放地
		063	仓储用地	指用于物资储备、中转的场所用地
07	住宅用地			指主要用于人们生活居住的房基地及其附属设施的土地
		071	城镇住宅用地	指城镇用于生活居住的各类房屋用地及其附属设施用地。包括普通住宅、公寓、别墅等用地
		072	农村宅基地	指农村用于生活居住的宅基地
08	公共管理与公共服务用地			指用于机关团体、新闻出版、科教文卫、风景名胜、公共设施等的土地
		081	机关团体用地	指用于党政机关、社会团体、群众自治组织等的用地
		082	新闻出版用地	指用于广播电台、电视台、电影厂、报社、杂志社、通讯社、出版社等的用地
		083	科教用地	指用于各类教育，独立的科研、勘测、设计、技术推广、科普等的用地
		084	医卫慈善用地	指用于医疗保健、卫生防疫、急救康复、医检药检、福利救助等的用地
		085	文体娱乐用地	指用于各类文化、体育、娱乐及公共广场等的用地
		086	公共设施用地	指用于城乡基础设施的用地。包括给排水、供电、供热、供气、邮政、电信、消防、环卫、公用设施维修等用地
		087	公园与绿地	指城镇、村庄内部的公园、动物园、植物园、街心花园和用于休憩及美化环境的绿化用地
		088	风景名胜设施用地	指风景名胜（包括名胜古迹、旅游景点、革命遗址等）景点及管理机构的建筑用地。景区内的其他用地按现状归入相应地类

续表

一级编码	一级名称	二级编码	二级名称	含义
09	特殊用地			指用于军事设施、涉外、宗教、监教、殡葬等的土地
		091	军事设施用地	指直接用于军事目的的设施用地
		092	使领馆用地	指用于外国政府及国际组织驻华使领馆、办事处等的用地
		093	监教场所用地	指用于监狱、看守所、劳改场、劳教所、戒毒所等的建筑用地
		094	宗教用地	指专门用于宗教活动的庙宇、寺院、道观、教堂等宗教自用地
		095	殡葬用地	指陵园、墓地、殡葬场所用地
10	交通运输用地			指用于运输通行的地面线路、场站等的土地。包括民用机场、港口、码头、地面运输管道和各种道路用地
		101	铁路用地	指用于铁道线路、轻轨、场站的用地。包括设计内的路堤、路堑、道沟、桥梁、林木等用地
		102	公路用地	指用于国道、省道、县道和乡道的用地。包括设计内的路堤、路堑、道沟、桥梁、汽车停靠站、林木及直接为其服务的附属用地
		103	街巷用地	指用于城镇、村庄内部公用道路（含立交桥）及行道树的用地。包括公共停车场，汽车客货运输站点及停车场等用地
		104	农村道路	指公路用地以外的南方宽度≥1m、北方宽度≥2m的村间、田间道路（含机耕道）
		105	机场用地	指用于民用机场的用地
		106	港口码头用地	指用于人工修建的客运、货运、捕捞及工作船舶停靠的场所及其附属建筑物的用地，不包括常水位以下部分
		107	管道运输用地	指用于运输煤炭、石油、天然气等管道及其相应附属设施的地上部分用地

续表

一级		二级		含义
编码	名称	编码	名称	
11	水域及水利设施用地			指陆地水域，海涂，沟渠、水工建筑物等用地。不包括滞洪区和已垦滩涂中的耕地、园地、林地、居民点、道路等用地
		111	河流水面	指天然形成或人工开挖河流常水位岸线之间的水面，不包括被堤坝拦截后形成的水库水面
		112	湖泊水面	指天然形成的积水区常水位岸线所围成的水面
		113	水库水面	指人工拦截汇集而成的总库容≥10万 m^3 的水库正常蓄水位岸线所围成的水面
		114	坑塘水面	指人工开挖或天然形成的蓄水量<10万 m^3 的坑塘常水位岸线所围成的水面
		115	沿海滩涂	指沿海大潮高潮位与低潮位之间的潮浸地带。包括海岛的沿海滩涂。不包括已利用的滩涂
		116	内陆滩涂	指河流、湖泊常水位至洪水位间的滩地；时令湖、河洪水位以下的滩地；水库、坑塘的正常蓄水位与洪水位间的滩地。包括海岛的内陆滩地。不包括已利用的滩地
		117	沟渠	指人工修建，南方宽度≥1m、北方宽度≥2m用于引、排、灌的渠道，包括渠槽、渠堤、取土坑、护堤林
		118	水工建筑用地	指人工修建的闸、坝、堤路林、水电厂房、扬水站等常水位岸线以上的建筑物用地
		119	冰川及永久积雪	指表层被冰雪常年覆盖的土地
12	其他土地			指上述地类以外的其他类型的土地
		121	空闲地	指城镇、村庄、工矿内部尚未利用的土地
		122	设施农用地	指直接用于经营性养殖的畜禽舍、工厂化作物栽培或水产养殖的生产设施用地及其相应附属用地，农村宅基地以外的晾晒场等农业设施用地

续表

一级		二级		含义
编码	名称	编码	名称	
		123	田坎	主要指耕地中南方宽度≥1m、北方宽度≥2m的地坎
		124	盐碱地	指表层盐碱聚集，生长天然耐盐植物的土地
		125	沼泽地	指经常积水或渍水，一般生长沼生、湿生植物的土地
		126	沙地	指表层为沙覆盖、基本无植被的土地。不包括滩涂中的沙地
		127	裸地	指表层为土质，基本无植被覆盖的土地；或表层为岩石、石砾，其覆盖面积≥70%的土地

四 土地权属调整

土地权属调整包括土地使用权调整、土地所有权调整和其上设定的他项权利调整。土地使用权调整包括国有土地、农村集体土地使用权的调整。做好土地权属管理，能够有效提高土地利用效益，避免土地产权纠纷，同时还有利于土地整理成果的巩固。

（一）土地权属调整的意义

我国土地权属调整具有政策性强，利益敏感的特点，是土地整理的核心工作内容，它将土地整理区与其他农田基本建设有效区别开来。土地权属调整的意义有如下几点：

1. 有利于土地利用集约化和机械化

通过土地权属调整可将一些形状不规则、边界不平整以及不利于机械耕作的土地调整为整齐规则、利于机械耕作和集约经营的土地；针对同一权属主体内部的同一用途土地零星分布、不同用途相互交叉的现象进行土地权属调整，可以使其用途一致实现土地集中连片，以便于集约化规模经营、机械化操作和统一管理。

2. 有利于农村经济可持续发展

土地权属调整能够实现土地集中连片，土地承包者也能更加投入到农村基础设施建设中去，从而获得更好的规模经营效益；土地使用权的流转，对于那些不愿耕作的农民来说是有利的，他们可以从土地中解放出来而从事其他行业，这样不仅可以增加部分农民收入，还能解决农村剩余劳动力的问题，促进了农村人力、土地资源的合理配置，增强了农村综合经济实力。此外，土地使用权的流转也有效利用起了社会闲散资金，促进了农村经济发展。

3. 有利于农村的社会稳定

土地权属调整本身会牵涉多方利益，一直以来都是一个比较敏感的问题。在很多地方，特别是经济水平发展还较为低下的地区，大部分农民主要还是依靠土地获取经济来源。土地权属调整与农民利益密切相关，它有效维护了土地整理当事人的合法权益，减少了因土地权属问题而产生的纠纷和矛盾，对农村的社会稳定起着有效的积极作用。

（二）土地权属调整的基本原则

土地权属的调整应遵循以下几项基本原则：

1. 坚持公平、公开、自愿的原则

土地整理涉及的内容较多，主要有使用权的性质、土地所有权性质以及承包经营权等多方面的内容，这其中自然会进行有关的权属界限的调整和改变。而在处理这些问题时，必须要运用勘测、评估等多种科学手段和方法，站在原有产权关系的基础上，从市场经济运行规律出发，妥善处理好各方面的关系，实行公告制度并广泛征集各方面意见，结合这些意见进行仔细的研究和探讨，使得土地权属调整能够不损害、有益于相关权益人的利益。通过开发整理，农民新承包的耕地应较之原承包耕地的质量和数量有所提高，或至少保持相等。

2. 坚持"参与开发整理各方原有位置基本不变"的原则

根据相关规定，农民可以长期使用土地，但这并不意味着可以因此而改变土地所有权的性质。一切对土地的买卖、侵占、出租以及非法转让行为都是不被允许的，不合法的。通常来说农村土地承包经营权至少在30年内不作改变，应维持长期稳定。所以，虽然在土地权属调整过程中不可避免地会调整相关权利人的地块位置，但是也要尽可能使各方原有位置保持不变，土地权属调整动作不宜太大。

此外，行政区域的完整性不宜轻易打破，但若是遇到特殊情况需要予以打破的，则应在进行仔细的权属确认和整理前后的农地质量评价后，落实各项土地调整和重划工作，以确保土地整理能够合理、有序进行，促进农村的社会稳定。

3. 坚持与农业现代化建设相适应的原则

应通过各方协商，根据路渠等线状物对插花地、飞地以及交界处的不规则区域进行适当的调整和安排，尽可能减少飞地、插花地和宗地数；若是一个承包人同时拥有多个地块，则应尽量使小地块向大地块集中，这样比较有利于田间的灌溉排水、管理以及农业机械化操作。

4. 坚持"谁投资、谁受益"的原则

投资建设工程项目人，拥有受益的权利。

（三）土地权属调整的方式

我国土地整理权属调整的方式主要有：

1. 土地所有权的调整方式

在土地整理过程中，不需要进行村镇边界调整时，其土地所有权应根据原有集体土地所有权来加以确定。而若是进行了有关村镇边界调整，对于"飞地"，则应由飞入方和飞出方双方进行共同协调，飞入方予以飞出方等量土地；对于"插花地"，则应由所有权双方进行共同协商，将双方的地界用明显的地物加以标注，并且在插花地带置换时应遵循等量原则，签订有关的换地协议；由于路、沟、渠等打破的原有村镇边界，应首先将需要分摊的面积测算出来，然后根据差额面积进行调整。

2. 土地使用权的调整方式

在土地整理前，要进行统一的确权登记，内容包括：项目区域内宗地的质量、类型以及数量；项目区的确切边界；项目区及相邻地区原有土地的确权登记发证情况；项目区内土地权利人数量以及类型。

在土地整理后，应根据登记的内容进行土地使用权的确定和划分，新增耕地按照各权属单位土地面积占项目区总面积的比例分给各权属单位，或者是由集体统一使用或经营，或将整理后的土地承包给种田大户经营。

3. 土地承包权的调整方式

新增耕地可以根据原农户承包田的大致位置等面积划分或就近分配，或者是划分给农民质量相同、数量相当而位置改变的耕地。

（四）土地权属调整的程序

土地整理权属调整的基本程序是公告停止受理登记、权属现状调查、权属现状确认、土地现状评价、整理后土地评价、编制权属调整方案、权属调整方案公告及异议处理、权属调整方案报县（市）以上人民政府批准、权属调整方案实施、土地权属和用途变更登记、建立资料档案。

（1）县（市）国土资源管理部门应从土地整理区域确定之日起至权属调整终结之日止，发布停止项目区域内土地权利转移及登记设定负担等手续的有关公告；不允许单位以及个人在项目区域内进行扩建、新建、改建，或者是改变地形和采取沙石。

（2）县（市）国土资源管理部门在确定土地整理区域后，需要开展相关的土地权属现状调查，主要包括项目区域内宗地的类型、数量和质量、土地权利人的数量和类型、土地的确权登记发证以及项目区域的确切边界等内容。

（3）应根据土地证书和登记档案确认土地权属，在权属调整方案编制前按照有关规定处理和确权那些存在争议的权属问题。

（4）县（市）国土资源管理部门应在土地整理前和工程竣工验收后，分别对其进行综合评价。

（5）县（市）国土资源管理部门应在土地权属调整前，根据土地权属调整现状、相关规定以及土地综合评价的成果进行土地权属调整方案的编制。其方案的内容如下：项目区域内土地权属现状；土地权属调整的范围；项目区域内现有土地综合评价结果；土地整理后土地综合评价结果；土地分配方案；土地归并方案。

（6）县（市）国土资源管理部门应在土地权属调整方案编制完成后，发布有关公告，以书面形式通知土地所有权人、使用权人与他项权利人。若是对土地调整方案土地所有权另有异议，则应及时以书面形式向县级以上人民政府提出申请，由县级以上人民政府调处。若是涉及他项权利者，应通知他项权利人参与调处。若无法达成和解，则上诉由法院裁定。

集体经济组织内，对承包土地使用权的重新分配存有异议的农民，应及时以书面形式向乡镇人民政府和村集体经济组织提出申请，村集体经济组织或乡镇人民政府应予以调处。若是在通过相关调处后仍存在异议，则由上级人民政府裁定。

（7）应在通过相关的公告并征求意见后，将土地权属调整方案报县级以上人民政府批准。在获得批准后，土地所有权主体之间、农民与乡村集体经济组织之间进行调整协议书的签订。

（8）县（市）以上人民政府应在土地整理工程完成后，依照土地权属调整方案确定土地所有权和使用权以及他项权利；县（市）国土资源管理部门应及时进行权属变更登记并核发土地证书。

（9）县（市）国土资源管理部门建立土地整理权属文件资料档案，档案中主要包括：权属现状调查资料；新旧地籍图或土地利用规划图、现状图；土地登记资料；权属调整方案资料等。

（五）编写土地权属调查报告

《土地整理项目土地权属调查报告》是项目验收的一项重要文件，是对土地权属调整情况的检查与总结，这一文件可以反映项目实施导致的土地权属变化效应。

1. 土地整理前土地权属状况

（1）土地确权定界及界址点埋设情况。

（2）土地整理项目范围内土地权属类型。

（3）土地权属纠纷及调处情况。

（4）土地登记发证情况。

（5）公众反应。

2. 土地权属调整情况

（1）进行土地权属调整的目的以及原因。

（2）土地权属调整方案。

（3）土地权属调整的实施措施和过程。
（4）土地权属调整的原则与依据。
（5）土地权属调整存在的问题、经验以及效果。

3. 土地整理后土地权属状况

（1）土地确权定界及界址点埋设情况。
（2）项目实施后土地权属类型及变化情况。
（3）土地权属纠纷及调处情况。
（4）土地登记、发证工作开展情况。
（5）公众反应。

（六）土地权属调整应注意的问题

土地权属调整关系到工程的顺利进行以及农民的切身利益，因此要谨慎对待和处理好土地权属调整中出现的问题以及纠纷，维持农村社会经济的持续稳定发展。在土地权属调整中，应当要特别注意以下几点：

（1）按照程序报批《土地整理权属调整方案》，经批准后方可实施土地权属调整的项目。

（2）涉及土地权属调整的项目，实施前后应对该项目区需整理的土地进行质量认证，用于土地整理后重新再分配。

（3）对村与村之间需要进行串换土地调整的，根据土地使用位置、面积可适当调整的原则，按有关文件和相关规定进行报批和变更。

（4）按照经批准的土地权属调整方案确定新增耕地的再分配，秉着公平、公开的原则合理分配土地权益，确定土地所有权、土地使用权以及承包经营权。

五　投资规模估算和资金筹集

（一）投资规模估算

1. 投资估算的基本概念及作用

投资估算是指在基本确定项目建设技术方案、建设规模、设备材料、工程方案以及项目实施进度的基础上，对项目投入的总资金进行估算，并测算出建设期内分年度资金需要量。对总投资的估算可以客观地反映出实现项目任务预计所需的资金额度。

作为项目建设的一个重要环节，投资估算的准确会促进项目规划方案的优化，同时还能有效避免投资决策失误。[①]

2. 投资估算的基本要求

项目投资估算对于实效性和综合性的要求较高，且它必须要满足以下几项条件：

（1）坚持实事求是的原则。

（2）符合国家相关规定和要求。

（3）选择合理的投资估算依据。

（4）工程费用和内容齐全，避免出现重复计算的错误，不漏项或少算；不随意降低或提高估算标准。

（5）选用指标的标准和条件与工程之间存在差异时，及时调整或换算。

（6）投资估算精度应能满足控制初步设计概算的要求。

3. 投资估算步骤

根据以下步骤进行土地整理项目规划投资估算：

（1）确定工程项目。

（2）分类计算、汇总工程量。

（3）分别估算各单项工程施工费。

（4）估算拆迁补偿费。

（5）估算主要设备购置费、其他费用等。

（6）汇总各单项费用。

（7）分年度投资估算。

（8）编写估算说明及其他相关内容。

4. 投资估算方法

（1）工程施工费估算方法。工程施工费是指用于农田水利、田间道路以及土地平整等各项土地整理工程的费用和支出，主要由税金、

---

① 李东坡、陈定贵：《土地开发整理项目管理及其经营模式》，《中国土地科学》2001年第1期。

利润、直接费用以及间接费用组成。其中，税金是指国家税法规定的应计入工程造价内的城乡维护建设税、教育费附加等；利润是指施工企业在完成承包工程项目后获得的盈利；直接费用是指在工程施工中直接消耗物化劳动力以及活劳动力，由材料费、人工费、施工机械费等直接工程费和冬雨期施工费、临时设施费、特殊地区施工增加费、夜间施工增加费、施工辅助费等措施费共同构成；间接费用包括工程定额测定费、工程排污费等规费以及包括经营活动和组织施工的企业管理费共同组成。

通常采用以下方法进行工程施工费投资估算：

①单位工程投资估算法，工程总量乘以单位工程量投资。比如蓄水池以单位容积（立方米）的投资，机井以单眼井的投资，田间道路以单位长度（米）的投资，乘以相应的工程总量计算。②单位实物工程量投资估算法，实物工程总量乘以单位实物工程量投资。如渠道衬砌工程以每延长米投资，路面铺设工程以每平方米投资，土石方工程以每立方米投资，乘以相应的实物工程总量计算工程施工费。

（2）设备购置费估算方法。设备购置费包括运杂费、设备原价、保管费和运输保险费等。

设备购置估算编制应根据费用资料、主要设备表及价格、费用。设备价值较小按类估算，设备价值较大则按单台估算。进口设备与国内设备的购置费应分别开来进行计算。通常土地整理工程建设不会用到进口设备。

（3）安装工程费估算方法。根据专门机构或行业发布的取费标准和指标以及安装工程定额估算投资安装工程费。

（4）工程建设其他费用估算方法。其他费用包括工程监理费、前期工作费、拆迁补偿费、竣工验收费以及业主管理费等。

前期工作费指的是在工程施工前的各项支出，按照不超过工程施工费的6%计算。

工程监理费是指根据国家有关规定，项目承担单位委托具有工程监理资质的单位进行管理和监督所发生的费用，通常按不超过工程施工费的1.5%计算。

竣工验收费是指项目竣工后，由于决算验收、成果管理而产生的费用，通常按照不超过工程施工费的3%计算。

业主管理费是指由于项目组织、管理，项目承担单位所支出的包括管理人员工资、其他工资以及补助工资等各项管理性费用，通常按不超过工程施工费、其他费用合计的2%计算。

拆迁补偿费是指项目实施中因为房屋拆迁、青苗和林木等支出的补偿费用。按照有权单位批准的临时用地和建设用地面积，各直辖市、自治区和省人民政府规定的安置补助费、各项补偿费计算。

（5）不可预见费估算方法。不可预见费是指项目实施中不可预见，预先准备的费用，主要是施工过程及设计变更中也许会增加的工程量的费用。不可预见费是设备费、工程施工费、其他费用相加，再乘以费率得出。

5. 投资进度计划

根据项目的工程实施进度，并结合投资估算编排得出项目投资进度计划。

通常，国家都是按自然年对项目工程进行拨款，这并不完全符合项目工程的建设计划，所以为了保证工程能够顺利如期进行，项目建设单位务必要有一定的资金垫付能力。

（二）资金筹集

对项目的筹资环境进行仔细分析，并对资金的筹资渠道进行可行性分析。筹资渠道可从以下几个方面进行考虑：

（1）现行税费体系

①新增建设用地有偿使用费。指省级人民政府或国务院在批准农用地、征用土地时，向以出让等有偿方式取得新增建设用地的县、市人民政府收取的平均土地收益金。70%地方留存，其余上缴中央。

②耕地开垦费。非农业建设占用耕地，负责开垦同等数量和质量的耕地，或者是缴纳专用于耕地开发的开垦费。

③预期耕地占用税。个人以及单位从事非农业建设或占用耕地建房，需要根据其占用耕地面积缴纳相应的耕地占用税，实行定额税率。

④土地复垦费。由于塌陷、挖损和压占等造成的土地破坏，不符

合复垦要求或无复垦条件的，缴纳规定的款项专用于土地复垦。经过复垦后的土地通常优先于农业，实行"谁破坏谁复垦"原则。

⑤城镇土地使用税。指土地使用者在建制镇、城市、县城和工矿区，按照法律规定对新征用耕地或使用的土地交纳的土地使用税。

⑥土地增值税。

⑦土地出让金及续期。土地出让金指各级人民政府土地出让主管部门将国有土地使用权出让给单位或个人使用，按规定向单位或个人收取的土地出让价款。

⑧土地收益金。

⑨新菜地开发建设基金。

（2）农业综合开发资金

农业综合开发的重点内容是进行农田水利建设和中低产田改造，它是用于鼓励和支持国家农业发展的一项重要手段，其与土地整理在核心内容上基本一致，所以，各个地方的这一资金是可以捆绑使用的。

（3）社会资金与信贷资金（企业、个人投资）

①土地整理的产业化运作是企业与信贷资金筹集的一个重要前提，具体来说就是投资能够获得回报和收益，形成投资—收益—再投资的一种良性循环机制。

②政策倾斜。鼓励和促进更多的社会资金投入和流动，这需要进行相关的配套优惠政策的制定。

（4）农民个人投劳折资。

（5）其他投资。

第三节　土地整理项目规划图的编制

除了规划文本和规划说明外，土地整理项目规划的成果还包括土地整理项目规划图、土地利用现状图以及土地整理工程布局图等相关的成果图件。作为项目信息传达的一个重要载体，图件成为项目审查中的一个重点内容，起着不可忽视的重要作用。土地整理项目成果图件编制基本要求归纳如下。

一　项目区土地利用现状图的编制

（一）基本要求

项目规划区的土地利用现状图要能够同时反映出项目区的土地利用现状以及地形地貌状况，只有这样图件才能够切实服务于土地整理项目规划设计。土地整理项目现状图上应该标有明确的制图单位、图例与制图日期等要素，符合一般制图要求。

应按照新土地分类进行项目区建设区地类面积统计表的统计，要求统计到三级类，且统计数据的文、表、图要切实相符。

不能使用自由坐标系，而应使用统一坐标系。使用直角坐标系时，需要标注出项目区所在地区的分带号。

（二）比例尺

图件的具体比例尺应视项目规模与地形复杂情况确定。通常平原地区的图件采用的比例尺为1∶5000，丘陵山区为1∶2000。要保证一定的图幅大小，否则项目区的地形情况反映不佳。

（三）上图要素

（1）基本农田保护区界线、地类界及符号、土地权属界线、项目建设区边界、所涉及村庄和行政乡镇的名称。

（2）项目建设区土地利用分类面积统计表。

（3）项目建设区边界上的主要控制点要标注经纬度坐标。

（4）现有的主干道路、主干排灌渠系、电力、水源、堤坝等基础设施和其他主要地物。

（5）项目区的道路、排灌沟渠等和周边的相对关系。

（6）土地利用变更日期。现状图应该能及时、有效地反映出土地利用的最新情况，要能够对应于变更后的土地统计台账。

二　土地整理项目规划图的编制

（一）基本要求

项目区土地利用变更后的现状图素应作为土地整理项目规划图的工作地图，所以项目建设区边界必须保持一致，而涉及的村庄及行政

第五章 土地整理项目的规划

乡镇、重要地物、土地权属界线应保留下来。应淡化等高线，并且附上土地整理项目规划前后的建设区土地利用结构调整表。对于统计表的要求基本上与现状图一致。图例规范。

（二）比例尺

具体比例尺根据项目规模以及具体的地形情况确定，通常为1:2000—1:5000。通常丘陵山区为1:2000，平原地区为1:5000。应保证一定的图幅大小，不宜过小，通常和土地利用现状图比例尺相同。[1]

（三）上图要素

（1）林、渠、沟、路、机井、建筑物、田块布置、输变电线路等各项工程总体布局要明确，工程内容的图文要相符，单项工程有编号。

（2）灌排沟渠（管）布局应合理，不同级别渠系之间应能合理连接，所有沟渠都要标注水流方向。

（3）应在图上明确标出项目区外的沟渠、排水承泄区以及主要道路，要和项目区内的沟渠和道路对应连接起来。

（4）生产路和田间道路的布局要合理，级别不同的道路间连通合理。

（5）涵、桥、闸以及泵站等主要渠系建筑物、小型蓄水工程、供水线路和机井布置要合理。

（6）要根据项目区的地形条件来布置规划田块方向和大小，并有利于土地利用。田块设计工程应有明确标注。

（7）道路和各级排灌沟渠形成合理的关系布局。

（8）根据主害风的方向合理布局防护林。

三 土地整理项目工程布局图

（一）基本要求

土地整理项目工程平面布局图是反映土地整理后整理区土地利用

---

[1] 参见董利民《土地整理融资模式及其比较研究》，《商业研究》2004年第24期。

布局和工程布局的图纸。项目区工程布局图的绘制应注意以下几点：

（1）布局图的绘制应以现状图为地图。

（2）用色标和地类符号标出整理后的土地利用类型。

（3）对整理后的各地类面积进行按片（不分村）统计。

（4）用不同的方法标示出不同工程类别。比如用汉字注明建筑物名称。

（5）工程特性表样式。工程特性表样式可参照表5-2。

表5-2　　　　　　　　　　工程特性

名称	单位	数值	备注
一、项目概况			说明开发、整理、复垦数量
1. 建设规模	hm²		保留小数点后两位
2. 项目投资	万元		保留小数点后两位
3. 新增耕地	hm²		保留小数点后两位
4. 新增耕地率	%		
5. 项目性质		开发、整理、复垦	
6. 项目类型		示范、重点	
7. 地貌类型		平原、丘陵	
8. 建设期	年		
二、建设内容			
1. 村砌渠道	km		保留小数点后一位
2. 低压管道	km		保留小数点后一位
3. 排水沟	km		保留小数点后一位
4. 建筑物	座		
5. 道路工程	km		保留小数点后一位
6. 输电线路	km		保留小数点后两位
7. 防护林	株		说明树种
8. 设备购置	台（套）		
三、综合经济指标			
1. 投资标准	万元/hm²		保留小数点后两位
2. 年效益	万元		保留小数点后两位
3. 静态回收期	年		整数

(6) 田块编号。用①等带圈字符表示出来。平原区的田块通常都是平整单元，将田块标号标注出来时，还要将设计高程标注出来；丘陵地区的田块的构成为许多高程不同的地块，在图上标注出田块标号即可。

(7) 工程标识。将涵、闸、桥、机井、防护林、道路、渠道（流向）、排水沟（流向）、电力线路以及其他建筑物位置明确标识出来，涉及的图例应按标准规定的图例执行，并以如下规定的编号规则进行编号。

这一编号规则对沟渠、建筑物和道路的表示较为适用，主要用汉语文字标示，与规划设计报告相应统计表统一。

道路编号为：生产路1、2、…田间道1、2、…按从左到右、由上到下的顺序。

斗渠、支渠的数量较少，因此渠道编号可以按顺序编号，农渠依上级渠道编号（见图5-1）：

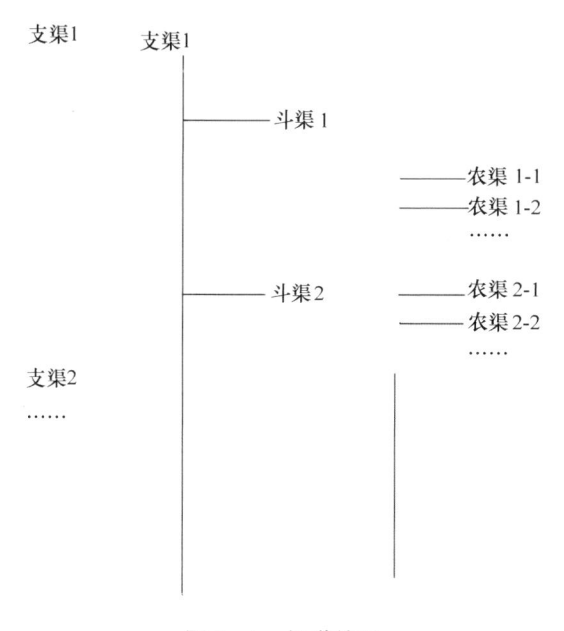

图5-1 渠道编号

排水沟编号应与渠道的规则相同，支沟、斗沟顺序编号，农沟依下级沟道编号。

按顺序标号对建筑物进行标号，数字加建筑物专业称呼构成编号。如泵站、农桥、涵洞、水闸、渡槽、蓄水池、倒虹吸、跌水、陡坡等。按从左到右，由上到下的顺序。

（8）区外工程。用箭头、文字和规定线型标示与区外相关工程的连接。

（9）注记。通常各种注记都为正向，字头朝向北轮廓，河流、管道、道路沟渠沿走向标注，每隔15—20cm标记一处。

（二）比例尺

比例尺参照项目区的土地利用现状比例尺。

（三）上图要素

（1）布局图应该切实反映出土地利用现状、原始地形和地物状况。

（2）绘制能够反映土地利用的地类符号，或者是用色标将土地分类标示出来。绘制反映整理前后土地利用变化的面积统计表。

（3）明确标识出原有的工程设施。

（4）图上绘制工程特性表。

（5）对整理区的田块进行编号，平原区的田块应该将其设计高程标注出来。

（6）将渠道（流向）、排水沟（流向）、防护林、道路、电力线路、农桥、机井、闸、涵、跌水及其他有关建筑物的位置清晰标示出来。

（7）将整理区内的干渠、河流、道路和排水泄区等一些重要地物标示出来，反映相应工程之间的联系。

（8）要求布局协调美观、图幅整饰齐全。

四 图廓整饰

（1）图名：如"×××县（区、市）×××土地整理项目区土地利用现状图""×××县（区、市）×××土地整理项目规划图"

"×××县（区、市）×××土地整理项目工程布局图"，位于图廓正上方。

（2）图例：在图廓内左下方。

（3）县（市）域内的位置要用小比例尺显示出来，通常在图廓内左上方。

（4）指北针：在图廓内右上方，采用风玫瑰式。

（5）比例尺：在图例下方，采用直线比例尺，尺头长为2cm，总长10cm。

（6）编制时间、单位：在图廓外右下方。

（7）坐标与高程系统：图廓外左下方。

第六章　土地整理项目的设计

土地整理项目设计是土地整理工程经济、技术处理的一个重要环节，它描述了一个项目工程的具体实施意图。通过土地整理项目设计，能够实现对于整个工程项目的大局掌控，促进工程实施的有序性、合理性。本章主要围绕土地整理项目设计的概念、原则、类型、阶段、程序以及预算等进行了深入分析研究。

第一节　土地整理项目设计的概念、原则与类型

一　土地整理项目设计的概念

土地整理项目的实施包括非工程性措施以及工程性措施，工程性措施指的就是土地整理项目的建设内容。土地整理项目设计即为土地整理项目的工程设计，是在土地整理规划、土地利用总体规划的基础上，根据项目规划以及工程设计任务中的建设目的、工程类型和性质等内容，进行细部与结构的设计。

土地整理项目设计是对工程内容进行的系统设计和全面布局，是一个对实施意图进行具体描述的过程，是工程组织实施和经济与技术处理的关键环节。

二 土地整理项目设计的原则与类型

（一）设计的原则

土地整理项目设计应遵循以下几项基本原则①：

（1）经济以及技术上可行。

（2）符合土地开发整理项目规划、土地利用总体规划和土地开发整理专项规划的要求。

（3）兼顾经济效益、生态效益以及社会效益。

（4）因地制宜。

（二）设计的类型

1. 根据项目的有机构成分类

土地整理项目内部的工程系统由单项工程、单位工程和分部分项工程等子系统构成。

（1）单项工程

单项工程是指具有独立设计文件的，建成后能够单独发挥效益和生产能力的配套齐全的工程项目。从施工角度看单项工程是一个独立的交工系统，在项目管理目标和总体施工部署的指导下，形成自身的项目管理目标与方案，从质量以及投资的要求出发，在规定期限内建成并交付使用和生产。

（2）单位工程

作为单项工程的其中一个组成部分，单位工程具有自己独立的设计文件，可进行单独施工，但是在其建成之后并不能有效发挥生产能力及其经济效益。只有在几个互为配套、有机联系的单位工程建成后才能进行生产和使用。如土地平整工程中的废弃地平整工程、未利用地平整工程、农地平整工程等。

（3）分部工程

分部工程是单位工程的组成部分，是按单位工程部位进一步分解出

---

① 赵小敏、艾亮辉：《土地整理项目设计和后评价研究》，中国农业科学技术出版社2005年版，第67页。

来的工程。它通常根据其工程部位或工种的不同进行分类，如灌溉排水工程中的斗、农、支、毛沟渠，喷（微）灌工程中的管道工程等。

（4）分项工程

分项工程是形成建设工程产品基本构部件的施工过程，通常按工种工程划分。如土地平整工程中的石方开挖、运输和回填，灌溉排水工程等。

分项工程是计量工程用料、用工和机械台班消耗的基本单元，也是建设施工生产活动的基础，还是工程质量形成的直接过程。分项工程具有互相制约和联系的整体性，同时还有作业活动的独立性。

土地整理项目的设计可分为单位工程设计、单项工程设计、分部工程设计以及分项工程设计。

2. 根据整理对象不同分类

根据不同的土地整理对象，可将土地整理项目设计分为：①牧草地整理工程设计；②林地整理工程设计；③耕地整理工程设计；④养殖水面用地整理设计；⑤园地整理工程设计；⑥土地开发工程设计；⑦废弃地复垦设计；⑧城市、村镇用地整理设计；⑨水土保持工程设计。

作为土地整理的重要对象和内容，按设计类型可将耕地整理分为：①农田水利设施工程设计；②农田平整工程设计；③农田生态防护林设计；④农村道路工程设计；⑤排灌电力工程设计。[①]

第二节 土地整理项目设计的阶段与程序

一 土地整理项目的设计阶段

工程建设项目通常采用初步设计和施工图设计的两阶段设计，而较为重要的大中型项目和技术经济相对复杂的项目，则较为适合采用三阶段设计，即在初步设计阶段之后，增加技术设计以深化和补充初

---

① 赵小敏、艾亮辉：《土地整理项目设计和后评价研究》，中国农业科学技术出版社2005年版，第81页。

步设计，并解决其中的重大技术问题。

一般由于土地整理项目的工程等级都比较低，所以通常都是采用两阶段设计进行土地整理项目的工程设计。

（一）初步设计

初步设计是土地整理项目设计过程的一个重要阶段，同时也是整体设计构思形成的环节。初步设计的主要目的在于阐明在指定的投资控制数额、时间以及地点内，项目技术、经济的可行性与合理性，同时通过对工程项目所作出的基本技术经济规定，编制总概算。由此可见，土地整理项目的技术、经济的可行性与合理性是初步设计应该要解决的主要问题，是建设项目的"纲要"设计，带有相对的规划性质。

拟建工程的说明书、总概算以及方案图的编制是土地整理项目初步设计主要任务，其中主要包括：灌排控制范围、工程的总体布局，沟渠路的初步定线、断面设计；建筑物结构形式、尺寸、位置，道路，农田水利，土地平整和其他各项工程的施工组织设计；设计总概算，建设工期和工程量计算和统计等。经批准的初步设计作为施工准备工作、施工图编制、材料设备订货的依据，同时还是监督使用拨款和基本建设拨款的基本文件。

初步设计不能对可行性报告中确定的工程标准、建设范围和规模、工程投资、工程布局和设计方案等控制指标进行随意的改动。当其他主要指标需要变更，或初步设计提出的总概算超过了可行性研究报告总额的10%以上时，要具体说明原因和计算依据，并重新向原审批单位报批。

土地整理初步设计应该要咨询农业、水利、林业、环保等相关方面专家和群众的意见，根据咨询论证意见，修改和补充初步设计文件。经过审查批准后，初步设计文件中的主要内容则不得随意更改，并将其作为项目工程建设实施的技术文件基础。在取得初步设计单位同意后，建设单位方可修改和变更其中内容，若要进行重大的变更和修改，则需要经过原审批机关复审同意。[1]

---

[1] 赵小敏、艾亮辉：《土地整理项目设计和后评价研究》，中国农业科学技术出版社2005年版，第83页。

土地整理项目的初步设计文件主要包括初步设计报告、有关专业的设计图纸和工程概算书。

（二）施工图设计

施工设计阶段主要是根据工程施工设计要求和初步设计文件，将项目工程设计意图与结果在图纸上一一表达出来，作为施工依据。施工图设计是设计和施工工作之间必不可少的重要桥梁。根据施工图编制的工程预算，是工程结算和承包的依据，并且其不得超过工程概算。

施工图设计文件完成后，需要通过相关机构的审核和批准。向施工单位交付设计文件时，必须要有建设单位技术负责人审查签字。设计人员应到现场，根据现场需求进行技术交底，并根据监理单位、项目法人和施工单位提出的相关意见进行局部修改。

土地整理项目的施工图设计文件是已定方案的具体化，包括必要的材料、设备和图纸目录与说明等专业的设计图纸、工程预算书和图纸总封面。

二　土地整理项目的设计程序

土地整理项目设计工作的步骤通常为：前期工作、基础分析、拟定设计标准、工程布局、工程设计、土地利用结构分析及工程量汇总、施工组织设计、成果整理，如图6-1所示。

（一）前期工作

前期工作的内容主要有成立专门土地整理领导小组和设计小组，实地踏勘、收集设计所需资料，提出工程布局的初步方案等。

1. 成立工程设计领导小组和设计小组

土地权属调整具有一定难度，总体上土地整理会牵涉到多方面利益，是一个极为敏感的问题，所以县（区）、乡（镇）地方政府必须要成立土地整理领导小组，负责部门的协调工作、工作计划的制订、前期工作的经费以及解决在土地整理中出现的一些重要问题。

土地整理的政策性较强，运用的技术也较多，所以为了能够保证工作的顺利有序进行，承担土地整理项目设计的设计单位必须要组织

```
           ┌─────────────────────────────┐
           │         前期工作              │
           │ ┌────┐┌──┐┌──┐┌────┐        │
           │ │成立││实││收││工程│        │
           │ │领导││地││集││初步│        │
           │ │小组││踏││资││布局│        │
           │ │设计││勘││料││方案│        │
           │ │小组││  ││  ││    │        │
           │ └────┘└──┘└──┘└────┘        │
           └─────────────┬───────────────┘
                         │
                  ┌──────┴──────┐
                  │   基础分析    │
                  └──────┬──────┘
                         │
                  ┌──────┴──────┐
                  │  拟定设计标准  │
                  └──────┬──────┘
                         │
                  ┌──────┴──────┐
                  │   工程布局    │
                  └──────┬──────┘
                         │
                  ┌──────┴──────┐
                  │   工程设计    │
                  └──────┬──────┘
                         │
                ┌────────┴────────┐
                │ 土地利用结构分析  │
                │  及工程量汇总     │
                └────────┬────────┘
                         │
                  ┌──────┴──────┐
                  │  施工组织设计  │
                  └──────┬──────┘
                         │
                  ┌──────┴──────┐
                  │   成果整理    │
                  └─────────────┘
```

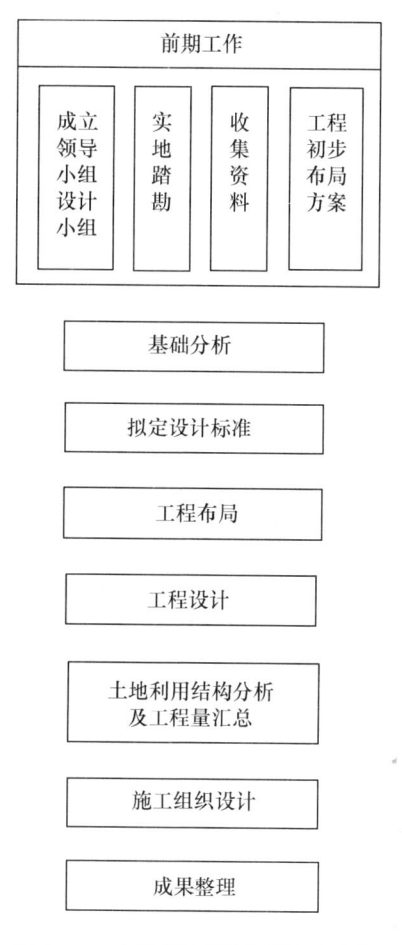

图 6-1　土地整理项目设计的流程

一些了解和精通土地整理工程设计要求和专业技术，以及十分熟悉土地整理政策的专业技术人员组成设计小组，以负责设计与实施中的技术问题的处理。

2. 开展实地踏勘

进行土地整理项目设计的一个重要前提就是开展实地踏勘。进行实地踏勘，需要其参与人员十分了解和熟悉土地整理区域内的地形地貌、基础设施使用，作物种植和生产，土地利用结构以及区域内的排水方式、承泄区和灌溉方式等多方面的情况信息。并且在实际踏勘工作中，技术人员应认真向熟悉区域内农林水利技术的群众代表和相关技术人员咨询有关情况，协同合作。

3. 收集设计资料

土地整理所需的设计资料较多，收集资料工作较为繁杂，所需收集的资料会因项目、地域和性质的不同而各有侧重。总的来说，资料收集应具有有效性、现实性和针对性的特点。

4. 提出工程初步布局方案

设计人员在进行实地踏勘后，应根据土地整理设计程序以及相关的政策要求，形成一个初步的、以定性为主的项目工程布局设想。这一设想应由地方国土资源部门组织并邀请有关部门的专家和群众代表，共同讨论并形成土地整理工程布局方案。

（二）基础分析

土地整理工程设计基础分析，就是通过对整理区域内的自然、社会和经济条件进行分析并得出一个初步的土地利用方向，根据水土资源基本平衡原理明确土地利用结构，再通过相关的工程技术措施的运用，实现土地整理的预期目标。土地整理工程设计基础分析是为了从定量上进行土地利用布局，确定具体的工程措施以及制定工程建设标准。

基础分析的重点主要为自然与社会经济条件分析、水土资源分析、土地利用问题分析以及新增耕地潜力分析。

（三）拟定设计标准

土地整理工程设计得以开展的重要前提和依据就是设计标准，它主要涉及新增耕地率、除涝、道路、灌溉等方面的设计标准。

（四）工程布局

工程布局的总体要求是，各单项工程在自身功能价值得到充分显示的基础上，实现整体布局的最优化，它应该注意以下几点：综合考虑农民意愿、土地适宜性以及当地农业发展规划；工程配置与土地利用布局紧密结合；注意工程技术的经济性与适用性；尽量避免或减少土地权属调整。[①]

---

① 参见郝建新、邓娇娇《土地整理项目管理》，天津大学出版社2011年版，第126页。

（五）工程设计

1. 工程设计步骤

工程设计步骤一般如下：根据工程布局及其说明，将所需设计标准、工程名称、注意事项以及位置等信息一一列出；搜集设计所需资料；选取和计算有关参数，进行单体工程设计；进行单体工程设计工程量计算。

2. 工程设计成果

工程设计主要成果包括工程布局图、项目现状图、工程设计报告、单体工程设计图册。

（六）土地利用结构分析及工程量汇总

1. 土地利用结构对比分析

增加有效耕地面积是土地整理的一个重要目标，所以，土地整理工程设计阶段所需要解决的重要问题就是可以新增多少耕地面积。在完成所有单体工程设计后，要对各工程的占地面积进行仔细的计算和核实，进行土地利用结构平衡分析。

2. 预算工程量汇总

预算工程汇总是土地整理工程预算的依据，必须要严格符合预算编制要求，有相关的分类统计和说明。

（七）施工组织设计

施工组织设计是统筹土地整理项目施工全过程的一项重要技术经济工作，它主要是为了实现组织施工的科学化以及施工效益的有效提高。施工组织设计是概预算和招投标文件、编制工程投资估算的重要依据。

（八）成果整理

土地整理项目设计成果整理内容主要包括：编写土地整理工程设计报告，绘制土地整理工程设计图册，整理和装订所需提交的重要设计资料。[1]

---

[1] 郝建新、邓娇娇：《土地整理项目管理》，天津大学出版社2011年版，第129页。

第三节 土地整理项目预算

一 土地整理项目预算的概念

土地整理项目规划的一个重要内容是土地整理项目预算的编制，它是项目工作的一种规划工具。土地整理项目预算主要是指项目实施前，根据工程预算定额、预算价格、设计图纸及其相关规定，对项目所需资金进行预估的文件。

与一般的工程项目不同，土地整理项目是按照建设程序来逐步进行的，包括完成项目筹建到完工交付使用的全过程。要在不同的建设阶段根据不同的项目管理需求，动态地进行分阶段计价。根据本行业特点以及当前土地开发整理项目管理程序的设置，可将土地整理项目的预算即工程造价体系分为：可行性研究阶段的投资估算；项目规划设计阶段的投资预算；工程招投标阶段的合同价；项目实施阶段工程承担单位的施工预算；项目竣工后的工程结算以及项目最终的竣工决算（见图6-2）。

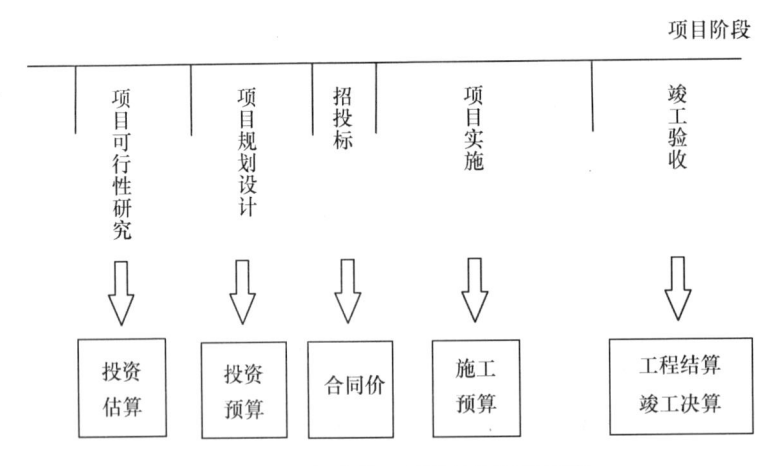

图6-2 土地整理项目的预算体系[①]

在土地整理项目的预算体系中，投资预算及估算都是对项目的规

---

① 张正峰、陈百明：《土地整理的效益分析》，《农业工程学报》2003年第2期。

划性、预计性的预测。施工阶段企业自身的施工预算、招投标阶段所签订的合同价都属于项目实施中的过程预定价,从狭义上来说,竣工验收后的工程结算才算是项目投资额。最终的竣工决算是项目的最终的实际投资总额,属于广义上的项目投资额。后一阶段的工程造价的控制数额及标准通常都是按照前一阶段的,并且前一阶段的造价数额不能比前一阶段的高。可见,项目预算制度可以准确且及时地编制项目预算,它是土地整理项目中的一个重要环节。

二 项目预算的组成

土地整理项目预算是根据各单项工程综合预算和工程其他费用预算汇总而成,主要包括支出预算和资金来源(见图6-3)。

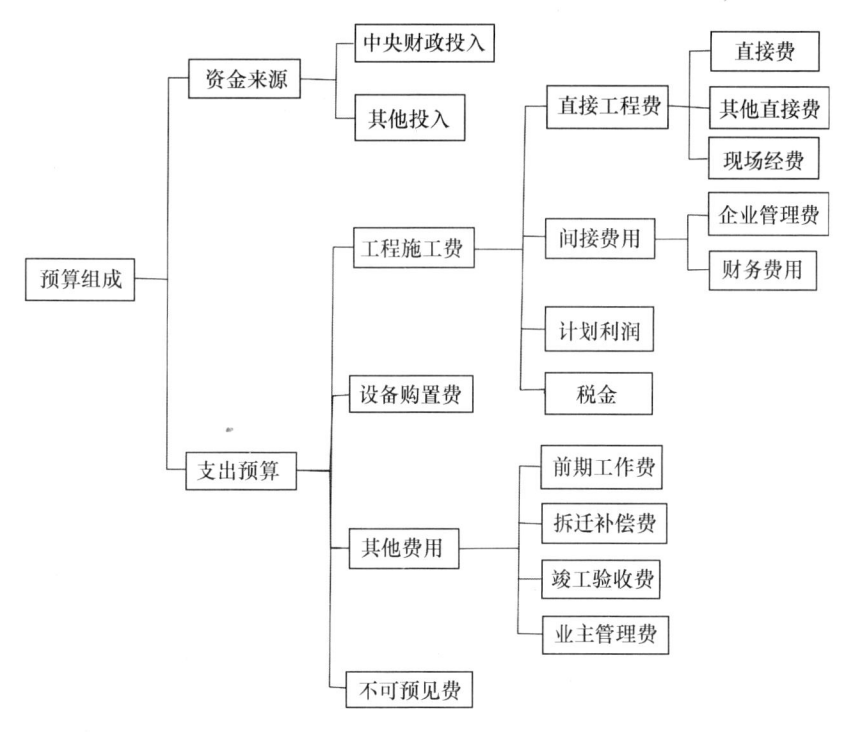

图6-3 土地整理项目的预算组成[1]

---

[1] 张正峰、陈百明:《土地整理的效益分析》,《农业工程学报》2003年第2期。

(一) 资金来源

包括中央财政投入和其他投入。

1. 中央财政投入

中央财政投入是《新增建设用地土地有偿使用费收缴使用管理办法》和《土地管理法》的规定，用中央所得新增建设用地土地有偿使用费（30%部分）安排的用于耕地开发整理项目的资金。

2. 其他投入

其他投入主要是指不包括中央财政投资的其他用于土地开发整理项目的资金。其他投入中主要是社会资金等。

(二) 支出预算

支出预算包括项目工程施工费、设备购置费、其他费用和不可预见费。

1. 工程施工费

工程施工费主要包括直接工程费、间接费用、计划利润和税金。

(1) 直接工程费

直接工程费由直接费、其他直接费和现场经费共同组成，是指工程施工过程中在工程项目上所直接消耗的物化劳动力和活劳动力。

①直接费，指工程施工过程中，耗费的有助于工程形式和构成工程工程实体的各项费用，其中主要包括材料费、施工机械使用费和人工费。

材料费是指在工程施工过程中的辅助材料、原材料、半成品、成品用量等用于构成工程实体的费用，按单项工程分别填表列报。

公式为：材料费 = 工程量 × 定额材料费

施工机械使用费是指在工程施工中使用工程机械所产生的费用。施工机械台班费预算价格的计算是按照地方最新颁布实施的定额标准进行。施工机械使用费按单项工程分别填表列报。

公式为：施工机械使用费 = 工程量 × 定额施工机械使用费

人工费是指直接从事工程施工的生产工人开支的各项费用，按单项工程分别填表列报。

公式为：人工费＝工程量×定额人工费

②其他直接费，指在施工过程中，所产生的不包括直接使用费的其他费用，具体为如下几个方面。

冬雨期施工增加费是指在工程施工中，冬雨期时为了确保工程质量而增加的费用。

施工辅助费包括工程定位复测费、生产工具用具使用费和检验试验费等。工程定位复测费是指在项目施工中，由于定位测量和复测而产生的费用；生产工具用具使用费是指在项目施工过程中，需要支付给工人自备工具和不属于固定资产的生产工具的补贴费；检验试验费是指在检查和鉴定建筑材料、设备和构件时所产生的费用，其中包括研究试制试验费、技术革新试验费、进行试验所耗用的化学药品和材料等费用。

③现场经费是指为施工准备、组织施工生产和管理所产生的相关费用，主要包括以下几方面内容：

临时设施费是指为进行工程施工，施工企业所必须花费用于生产和生活临时建筑物、构筑物以及其他临时设施的费用等。

现场管理费是指组织施工生产时，管理人员所产生的办公费用、差旅交通和工资等费用。

（2）间接费用

间接费用由财务费用和企业管理费组成。

①财务费用，指企业为进行资金筹集所花费的各种费用，主要包括金融机构手续费、投标和承包工程发生的保函手续费以及短期贷款利息支出等。

②企业管理费是指为组织施工生产活动，施工企业所花费的相关费用，主要包括：管理人员的基本工资、辅助工资、职工福利费。

（3）计划利润

计划利润是指按照规定应计入工程造价的利润。

公式为：计划利润＝（直接工程费＋间接费）×费率（3%）

（4）税金

税金是指按国家规定应计入工程造价内的教育费附加和城市维护

建设税等。

公式为：税金=（直接工程费+间接费）×税率

2. 设备购置费

设备购置费是指在项目规划设计中，使用设计设备所产生的相关费用，它并不参与费率计取，而机械使用费、设备安装及调试的人工费参与相应费率计取。

3. 其他费用

其他费用是指其他用于土地开发整理项目的，不包括工程施工费、设备购置费和不可预见费各项支出，主要包括前期工作费、业主管理费、竣工验收费和拆迁补偿费。

（1）前期工作费

前期工作费是指在工程施工过程中所产生的各项支出，主要包括项目可行性研究费、项目立项审查及报批费、项目规划设计及预算编制费、土地清查费和项目勘察费、工程监理费和项目招标费等。

①项目可行性研究费是指项目承担单位向其委托进行可行性研究的有关单位支付的费用。

②项目立项审查及报批费是指在项目立项及批报期间，项目承担单位所花费的各项费用。

③项目规划设计及预算编制费是指项目承担单位向其委托进行规划设计和预算编制工作的有关单位支付的相关费用。

④土地清查、勘察费是指在进行地籍测绘、土地权属调查、项目勘察和土地评估时所产生的费用。土地清查、勘察费的编制是按照土地管理部门及相关部门规定的收费标准进行。

前期工作费按不超过工程施工费5%计算。

公式为：前期工作费=工程施工费×费率

⑤工程监理费是指依据国家有关规定和规程规范要求，工程建设项目法人委托工程监理机构对建设项目全过程实施监理所支付的费用，在建设工程总投资中属于工程建设其他费的部门。

⑥项目招标费是指项目法人按照国家有关规定，组织或委托具有资质的机构编制、审查标书、标底，组织编制设备技术规范书，以及

委托具有招标代理资质的机构对设计、施工、设备采购、工程监理、调试等承包项目进行招标所发生的费用。

（2）竣工验收费

竣工验收费是指项目工程完成后，由于项目竣工验收和决算、成果的管理等产生的费用，其中主要包括项目决算的编制、项目工程验收费、决算的审计费，基本农田重划及标记设定费及整理后土地的重估与登记费等。竣工验收费按不超过工程施工费的3%计算。

公式为：竣工验收费 = 工程施工费 × 费率

（3）业主管理费

业主管理费是指由于项目的组织和管理，项目承担单位所花费的各项支出。其中主要包括项目管理人员的公务费、工资、补助工资、其他工资、职工福利费、预算标准编制费和业务招待费等。业主管理费按不超过前期工作费、工程施工费、竣工验收费三项费用合计2%计算（其中预算标准编制费费率为0.04%—0.15%）。

公式为：业主管理费 =（前期工作费 + 工程施工费 + 竣工验收费）× 费率

（4）拆迁补偿费

拆迁补偿费是指在项目实施过程中，对拆迁的房屋、青苗以及林木进行补偿产生的相关费用。

4. 不可预见费

不可预见费是指在项目施工过程中，由于设计改变和自然灾害等原因而增加的费用。不可预见费按不超过前期工作费、工程施工费、竣工验收费三项费用合计3%计算。

公式为：不可预见费 =（前期工作费 + 工程施工费 + 竣工验收费）× 费率

三　项目工程的划分

按照项目工程的性质，可将土地整理项目划分为农田水利工程、土地平整工程、田间道路工程和其他工程。其中，土地平整在土地整理工程中占有相当大的比重，是一项单项工程，它不一定能发挥生产能力和经济效益,具有独立的设计文件。其他工程作为单项工程具有一定的概括性,它包括水土保持工程、农田防护工程等,这些工程都可以视为单项工程。

(一)土地平整工程

土地平整工程主要由土石方回填、土石方运输、土石方开挖和平整土地等组成。

(二)农田水利工程

农田水利工程是指在综合治理渍、盐、碱、洪、涝、旱等水资源合理利用的原则下,对水土资源、灌排渠系统及其建筑物等进行的建造。主要由排灌工程、喷滴灌工程、竖井工程、排灌电气工程组成。

1. 排灌工程

排灌工程的组成主要包括田间排灌渠、支沟渠、地下排灌工程及排灌系统的其他工程。

2. 喷滴灌工程

喷滴灌工程由滴灌工程和喷灌工程组成。

(1)滴灌工程是一项采用滴灌技术的灌溉工程设施。

(2)喷灌工程指实现喷洒灌溉的工程设施。

3. 竖井工程是指开采地下矿床时进行的竖直井筒的掘进、砌壁(永久支护)和设备安装等作业的总称。根据井筒穿过岩层的地质和水文地质的不同,竖井施工分为表土段和基岩段的普通法施工和特殊法施工两大类。根据各种作业在时间和空间上的不同组合,竖井基岩段施工方案分为掘进、砌壁单行作业,掘进、砌壁平行作业,短掘、短砌混合作业和掘进、砌壁、安装一次成井作业等四种。

4. 排灌电气工程由配电设备、线路架设、管线铺设及其他包括小型变电站及配套建筑物等组成。

(三)田间道路

田间道路将田块之间联系起来,是农村道路网的延伸,主要包括生产路和田间道。

1. 生产路

生产路服务于人工田间作业和农产品收获。

2. 田间道

田间道主要为作业机械向田间转移及为机器加水、加油和货物运输等服务。

(四) 其他工程

其他工程是指农田生态防护林和水土保持工程等生态环境保持工程。

1. 农田生态防护林

农田生态防护林是指配置在农田上的防护林，它主要是为了有效降低风害、风速，通过对农田的小气候环境进行调节进而改善、创造适于农作物生长的良好条件，促进作物丰产和农业发展。

2. 水土保持工程

水土保持工程，顾名思义就是为了进行水土保持而采取的一种生态保持工程，主要包括治滩工程、治坡工程和治沟工程。

四 项目预算编制方法

(一) 项目预算编制的依据

项目预算编制的依据主要是国家及有关部门的政策性文件、项目批准文件、行业技术标准及其他相关资料等。

1. 国家及有关部门的政策性文件

国家及有关部门的政策性文件主要是指针对土地开发整理，国家和有关部门提出的相关政策和法规文件，主要是《新增建设用地土地有偿使用费收缴财务使用管理办法》《新增建设用地土地有偿使用费收缴使用管理办法》《土地开发整理项目预算编制暂行规定》《土地开发整理项目资金管理暂行办法》《国家投资土地开发整理项目管理暂行办法》。

2. 项目批准文件

项目批准文件主要包括项目设计书及审批文件、项目入库申请书及审批文件、项目预算编制及审批文件等。

3. 行业技术标准

行业技术标准主要有《土地开发整理标准》《土地开发整理项目施工机械台班费定额》《土地开发整理项目预算定额标准》和国家或省最新颁布的建筑安装工程预算定额、水利水电工程预算定额等定额标准及有关文件等。

4. 其他相关资料

其他资料主要包括设计图件及说明、项目设计文本，如人口和经济发展、农业普查和自然生态环境等其他有关基础资料。

（二）项目预算编制的程序和方法

1. 编写项目预算编制大纲

项目预算的编制大纲为：确定计费标准、编制依据、定额；对工程科目进行划分，校核分项或分部工程量；将主材、人工等基础单价或计算条件一一列出；明确拆迁工作量、补偿标准量和设备价格；明确相关经费的费率和收费标准；将预算编制的重点、难点、对策及其他问题列出。

2. 确定工程量计算项目，计算工程量

根据施工条件、设计说明、图纸及施工组织设计，按照相关预算定额的项目划分、工程量的计算规则等规定，确定分项工程，并将其工程量计算出来。这是一项较为耗时、工程量大，且要求极为严格的工作，应确保计算的精准程度，不可重项和漏项。

3. 编制项目预算

在经过复核及确认无误后，按照预算定额中的子项目的内容和顺序，填写预算表，要求预算表中的各个分项工程的项目名称、规格、定额编号、单位基价及计量单位都要与定额要求相符。其步骤和方法如下：

（1）套用定额单价及编制补充、换算单价

根据设计提供的工程项目和施工方法及预算工程科目划分的分项工程内容，选择套用相应定额子目并计算其单价。土地整理在条件、质量、适用范围以及技术等级上与其他相关行业工程都有所不同，并且随着施工技术的发展，各种新技术、新工艺和新材料等纷纷涌现，

导致了预算定额中的单价总是满足不了使用的要求。所以，这就要求根据项目和工程的具体要求，按照新的技术、工艺和材料所需的机械台班、人工以及材料，依照预算单价的编制程序与编制规定，编制补充换算单价，并附于预算书内。

（2）计算直接费（定额直接费）

土地整理项目直接工程费是按照分项工程、分部工程、单位工程、单项工程的顺序逐步计算、汇总。编制方法和程序可用以下公式表示。

①计算分项工程直接工程费：

分项工程直接工程费 = ∑分项工程量 × 预算定额（或换算或补充）单价

②计算分部工程直接工程费：

分部工程直接工程费 = ∑各分部工程直接工程费

③计算单位工程直接工程费：

单位工程直接工程费 = ∑各单位工程直接工程费

④计算项目工程直接工程费：

项目工程直接工程费 = ∑各单位工程直接费

（3）进行工料分析

工料分析是在计算直接费时，根据分项工程项目的工程量和相应定额中所列用料、用工量，将各分项工程所需的材料和人工用量计算出来并进行汇总，得出单位工程所需的主要材料和人工数量和用量。工料分析是工程决算、工程预算中机械和材料使用费调差和计算其他费用的基数，同时它还是施工企业以及项目承担单位经济核算、进行施工管理的重要依据。

（4）计算其他直接费、现场经费、间接费、计划利润和税金，汇总工程施工费

工程施工费是计算其他费用和不可预见费的基础，应按照如下步骤进行计算（如表6-1所示）。

表 6-1　　　　　　　　　　　　工程施工费计算①

（1）	直接工程费
（2）＝（1）×措施费率	措施费
（3）＝（1）+（2）	直接费
（4）＝（3）×间接费率	间接费
（5）＝［（3）+（4）］×利润率	利润
（6）＝［（3）+（4）+（5）］×税率	税金
（7）＝（3）+（4）+（5）+（6）	工程施工费

①以直接工程费为基数，根据编制规定进行措施费的计算。

②将措施费与直接工程费进行汇总得出直接费，将其作为基数并根据规定的比例计算出间接费。

③直接费与间接费相加，以和为基数，根据规定比例计算得出利润。

④直接费、间接费与利润三者相加，以和为基数，根据规定的比例计算得出税金。

⑤将直接费、间接费、利润与税金进行汇总，得出工程施工费。

（5）计算设备购置费、其他费用和不可预见费，汇总项目预算

计算和汇总步骤如下：

①根据土地整理项目设计的相关内容，认真进行设备购置费与拆迁补偿费的编制。

②按《土地开发整理项目预算编制暂行规定》规定的支出项目和《土地开发整理项目资金管理暂行办法》中规定的开支标准，认真进行前期工作费、工程监理费和竣工验收费的编制。

③将前期工作费、工程监理费和竣工验收费三者相加，以和为基数，根据规定的比例计算得出业主管理费。

④对业主管理费、拆迁补偿费、前期工作费、竣工验收费等进行汇总，得出其他费用。

---

① 张正峰、陈百明：《土地整理的效益分析》，《农业工程学报》2003 年第 2 期。

⑤将设备购置费、工程施工费和其他费用三者相加，以和为基数，根据规定比例计算得出不可预见费。

⑥对设备购置费、工程施工费、其他费用和不可预见费进行汇总，得出项目总预算。

4. 编写预算编制说明

预算编制说明主要是用来分析和说明土地整理项目、项目承担单位的基本情况、项目预算编制以及其他一些相关问题，它并没有明确规定的格式，其主要包括土地整理项目概况；主要经济指标分析；预算编制的依据；编制方法、计算方法及定额标准换算关系；其他相关问题。

5. 编制分年度投资预算

分年度投资预算的编制主要是根据施工组织设计的总进度，按照土地整理项目施工进度安排的单项工程分年度完成的工程量和相应的预算单价进行计算。

6. 预算复核、装订、签章与审批

将项目预算编制完成后，应将其整理好并装订成册，然后及时送往相关单位的有关人员，仔细复核、分析项目预算中所提到的主要内容，包括工程量、主要工程项目、费用标准、预算单价、补充单价和预算定额标准换算表等，及时发现和解决其中问题，使项目预算更加具有合理性和科学性。对项目预算进行审核并确认无误后，应按序签章，报有关部门审批。

五 项目预算文件

土地整理项目的预算文件主要由三部分组成，即文本文件、预算计算表格及附件。

（一）文本文件

1. 封面和目录

严格按照规定格式制作封面、扉页，目录应按预算表的表号顺序编排，扉页上的内容主要用包括项目承担单位、项目名称、编制单位、编制日期、复核人员姓名及其印章等。

2. 预算编制说明

预算编制说明的文字要简明清晰，有重点。主要包括以下几个方面内容：

（1）项目概况

项目概况说明项目类型、项目性质、地貌、资金来源、项目预算总投资、整理面积、项目分期进度安排、预计净增耕地量及其占总面积的比例、分年度投资计划及分年度说明项目实施内容等。

（2）预算编制依据

这里说明预算编制所依据的设计图件及说明、图纸资料批准文号、项目规划，依据定额、采用的指标、费用标准及价差调整等有关文件等进行说明。

（3）取费标准和计算方法的说明

在这里对预算表格中各项数据的计算方法与定额换算关系进行简要说明。

（4）项目技术经济指标分析

这里主要是分析投入与产出经济效益，主要包括施工方案与技术需要与可能分析、实物工作量的部署、单项工程技术手段、生产组织对工种成本的影响分析、增减调整因素分析等。其中，投入指标重点是进行项目总成本、总投资的分析，产出指标重点则是进行产量指标、经济效益指标以及经济效益指标分析。

（5）其他需要说明的问题

主要说明项目预算编制中存在的问题、项目建设优势以及其他在表格中无法反映、表示出来的相关方面的问题。

（二）预算计算表格

应根据统一的预算表格计算和填制项目预算。一般预算表格有以下几种。

1. 土地整理项目总预算及分年度预算表

土地整理项目总预算及分年度预算表是编制分年度投资预算和汇总项目总投资的预算表格，能够综合反映土地整理项目的总体情况。

第六章 土地整理项目的设计

2. 总预算汇总表

总预算汇总表反映了一个项目的完成需要的投资总额,其中会包含各阶段投资金额。

3. 工程施工费（建筑安装工程费）预算表

工程施工费（建筑安装工程费）预算表汇总了各单项工程预算,反映了项目施工阶段的投资额度。

4. 直接费预算表

直接费预算表是按工程项目汇总反映土地整理项目直接费用总额的预算表格。

5. 其他直接费预算表

其他直接预算表是对项目工程施工过程中产生的施工辅助费、冬雨期施工和其他直接费的汇总反映。

6. 间接费预算表

间接费预算表是汇总反映土地整理项目工程施工过程中产生的间接费的预算表格。

7. 人工费预算表

人工费预算表是汇总反映单项工程人工费的预算表格。

8. 材料费预算表

材料费预算表是汇总反映单项工程材料费的预算表格。

9. 施工机械使用费预算表

施工机械使用费预算表是汇总反映单项工程施工机械费的预算表格。

10. 设备购置费预算表

设备购置费预算表是汇总反映单项工程中的设备购置费的预算表格,其中不包括设备的安装以及调试费用。

11. 前期工作费预算表

前期工作预算表是汇总反映了土地清查费及项目勘察费、项目立项审查及报批费、项目招标费和工程监理费、项目规划设计及预算编制费等前期工作费的预算表格。

12. 竣工验收费预算表

竣工验收费预算表汇总反映了工程验收费、项目决算编制和决算审计费、基本农田重划及标记设定费、整理后土地的重估与登记费等竣工验收费。

13. 拆迁补偿费预算表

拆迁补偿费预算表汇总反映了项目实施过程中因拆迁房屋、林木及青苗等发生的补偿费。

14. 业主管理费预算表

业主管理费预算表汇总反映了由于项目组织、管理，项目承担单位所支出的各项管理性费用。

15. 不可预见费预算表

不可预见费预算表汇总反映了项目施工中由于设计变更、自然灾害等不可预计因素而增加的费用。

16. 土地整理项目季度分月用款计划表

土地整理项目季度分月用款计划表是项目承担单位根据项目实施进度和分年度预算编制的项目按季分月用款计划表格。

（三）附件

这一附件中主要包括项目申请书、项目可行性研究报告摘要书、项目规划设计、施工方案、项目施工组织设计、编制预算依据的预算标准等内容。

1. 项目申请书

项目申请书是项目预算文件的补充性文件，它主要包括项目的类型、名称、性质、基本情况、申请理由、承担单位、预期成果以及总预算等内容。

2. 项目可行性研究报告摘要书

项目可行性研究报告摘要书简要摘录了项目可行性研究报告中的主要内容，其中包括项目的名称、背景、投资规模、资金筹措、承担单位、负责人、可行性研究报告编制单位、项目立项批准单位、阶段性目标及预期总目标、主要工程内容及费用构成、财务分析、项目风险及应对措施分析、预期经济与社会效益分析、项目实施条件结论及建议等内容。

3. 项目规划设计

项目规划设计主要包括项目规划、设计图件及说明，是项目承担单位组织有资质的设计单位设计的项目规划设计。

4. 项目施工组织设计或施工方案

施工组织设计是确定单项工程的施工进度计划、施工方法、主要技术措施、施工现场平面图等内容，组织施工的重要文件。

5. 所依据预算定额、费用标准及相关文件

编制项目预算的主要依据为预算定额、费用标准和相关文件。

第七章　土地整理规划设计实践

土地整理规划设计包含着诸多的内容，本章主要对土地整理规划设计中的土地平整工程设计、标准田块设计、排灌电力工程设计以及道路工程设计实践进行了详细分析和阐述。

第一节　土地平整工程设计

农田的稳产、高产离不开土地平整，土地平整是农田建设的一个非常重要的措施。农田的合理灌排、机械化作业、节约用水、提高劳动力生产率、土壤改良、保水、保土、保肥等方面都与土地平整有着紧密的联系。在盐碱土等低产土地的治理中，土地的平整程度直接影响着土壤中水分和盐分的重新分配，也就是说对土地的稳产、高产有着直接的影响。另外，土壤中如果所含盐分、水分等不均匀，也会直接影响到作物的播种、保苗和机耕作业的环境。因此，可以说，平整土地在改善农田水利、土壤和保土保水工程措施中有着非常重要的地位。

在整个农地整理工程规划设计中，土地平整工程设计处于首要位置，田块规划设计，渠道、道路、防护林设计等都需要围绕土地平整工程设计来进行。土地平整工程规划设计的好坏直接决定了土地开发整理成果的优劣。

一　土地平整的原则
（一）土地平整要与土地开发整理统一

在进行土地平整时，应当遵循土地开发整理的要求，要将土地平整作为土地开发整理的一部分,这是因为,平整土地若不与田、沟、渠、林、路、井等工程紧密结合,而是单独进行,那么必然会造成大量的人力、财力和物力浪费,并且还会直接影响到土地平整的效果和群众的积极性。

(二) 兼顾当下和未来

在土地平整中,保留土地的表面土壤是一个非常重要的环节,其直接影响到土地平整能否实现当年受益、当年增产。在一般情况下,在进行土地平整的第一年是土地进行大体上的平整,例如新建灌区先粗平,做到当年能放水灌溉、当年增产粮食,后续再对其进行加工,达到精细平整要求。

(三) 平整后的地面坡度应满足灌水要求

在土地平整中,土地的坡度不同所采用的灌水技术也不同,因此,在具体的土地平整工作中应以此为标准,绝不能有倒坡的情况发生。顺灌水方向田面坡度为 1/800—1/400,坡度最小不应小于 1/1000,最大不应大于 1/300。一般畦灌要求的地面坡度以 1/500—1/150 为宜;水稻格田要求的坡度更小,基本上是水平的,纵向坡度不应大于 1/1000。

(四) 平整土方量最小

在平整田块时,应尽可能保持田块的土方量不变,也就是说要尽可能移高填低,使总的平整土方量达到最小。此外,还应使同一平整田块内的平均土方量运距最小。

(五) 必须保留一定厚度的表土

在土地平整过程中,保留一定厚度的表土非常重要,其直接影响到土地当年能否增产。通常情况下,旱作地区的挖方部位应保留 20—30cm 厚度的表土;填方部位在填厚超过 50cm 时,也应保留 20—30cm 的熟土层。在南方水稻区,如果在田里种有绿肥,则应将绿肥连同熟土切成 20cm 的方块,再把这些方块搬到不需平整的地方,待田面平整后再将其还原铺平。据相关资料显示,保留表土在 25cm 左右厚的棉花地的单产量要比没有保留表土的棉花地高出 80%。考虑到保留表土厚度与倒土工作量以及用工量是正相关的,因此,综合增产要求与省工两方面的情况，一般保留 25cm 左右的表土。

（六）要留有一定的虚高

在土地平整中，由于所填虚土的影响，田块所填土部分会有一定的沉陷，因此，通常情况下，填土处应留有相当于填土厚度 20% 左右的虚高，这样可以保证虚土沉实后达到田面的标准要求。

二 平整田块划分标准

（一）平整范围

通常情况下，沟畦灌溉的平整土地范围将条田内部一条毛渠所控制的灌溉面积作为一个平整单位。如果地形的平整度不高，高低起伏较大，那么还可将毛渠控制面积分为几个平整区，以垄沟控制的面积为平整单位。水稻田或以洗盐为主要目的平整土地范围可以以一个格田的面积为平整单位。

（二）地面平整度

在沟畦灌溉的旱作区，一个临时毛渠控制的田面地段，如果纵横方向没有反坡，一般将田面纵坡方向设计成与自然坡降一致，田面横向则一般不设计坡度。在这种情况下，通常纵坡斜面上局部起伏高差和畦田的横向两边高差均应控制在 3cm 以内。在进行稻田平整或为洗盐而进行土地平整时，应将格田内的高差控制在 ±3cm 之内。为此，应根据地形坡度来确定格田的大小，其边宽或长度按下式计算：

$$L = \frac{格田允许高差}{i}$$

式中 L——格田的宽度或者长度，单位为 m；

i——沿格田边宽或长度方向上的自然坡度。

（三）平整田块大小

要使土地能达到适宜机械化耕作的要求，在进行田块设计时，应将其长度设计得长一些，通常以 800—1000m 为宜，最小不小于 400m；若要适宜畜力耕作，则田块长度为应为 200—300m。从当前的农田生产状况来看，在进行土地平整时，应考虑到田间渠系布设、平整工作量以及田间管理的方便，同时还应适当考虑机耕要求，平整田块长度和宽度应分别在 160—360m、40—100m 之间为宜。

三 土地平整方案

(一) 根据平整单元范围分类

土地平整方案可根据整理区平整单元范围分为局部平整和完全平整两种。局部平整是结合地形地势进行的平整。在局部平整中，田块可以存在一定的坡度，以耕作田块为平整田块，在每个平整田块内部保持土地的挖填方平衡，不需要从区外大量取土或将土大量运至区外。其最终的地面高程是在挖填方平衡高程的基础上根据所布置的沟渠水流方向来确定的，各田块之间可以存在一定的高度差。考虑渠道的布设要求，局部平整一般采取中高式或一面坡式两种形式，以满足水流走向及灌溉要求，尽可能使土地实现自流排灌。

局部平整的优点在于大大降低了填挖方工程量和工程投资，有利于保护土地的表土层。其缺点在于土方量计算比较复杂，耕地新增量不大，同时增加了沟渠布置的难度。

全面平整是在地形平坦地区将整个项目区作为一个平整田块，设立一个平整高程，以平整高程为基准对整理区进行全面平整。

全面平整的优点在于能够最大限度地将土地的利用潜力挖掘出来，增加的耕地面积较大，有利于各项工程项目的布置和农业生产。同时，土地进行全面平整后，田面水平，有利于机械化作业的开展和渠道、道路、防护林的规划设计。其缺点在于挖填工程量大，所需投资较多，同时会极大地破坏土地的表层。[1]

(二) 根据地形纵向变化情况分类

土地平整方案根据地形纵向变化情况可分为平面法、斜面法和修改局部地形面法。

平面法是指将设计地段平整成一近似水平面。这种方法的挖填的土方量很大，通常用于水稻田的平整。

---

[1] 参见魏秀菊、胡振琪等《土地整理可能引发的生态环境问题及宏观管理对策》，《农业工程学报》2005 年增刊。

斜面法是指将设计地段平整成具有一定纵坡的斜面。坡度方向与灌水方向一致，有利于沟、畦灌，其挖填的土方量也较大。

修改局部地形面法是局部地对设计地段进行适当修改，例如将过于弯曲、凸凹的地段修直顺平，把阻碍灌水的高地削除、低地填平、倒坡取削等，修改局部地形面不强调纵坡完全一致，只要能实现畦平地不平、对灌水无阻碍就可以。这种方法在面积较大、地形变化较多、如果大平大填则工作量过大的地区比较适用。相较于平面法和斜面法，修改局部地形面法的优点在于可大大减少挖填土方量（见图 7-1）。

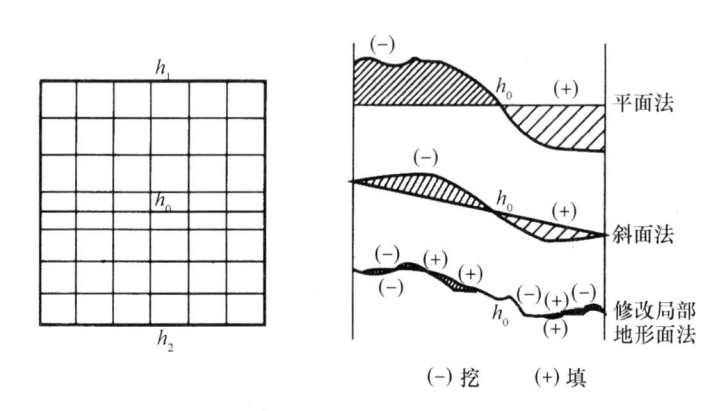

图 7-1 平面法、斜面法和修改局部地形面法的布置

（三）按平整的精度分类

土地平整方案根据平整的精度可分为大平、粗平、细平。

大平就是常说的"大平大整"。在土地平整中，大平所需的用工最多，挖填的土方量最大，在进行大平时，其所需的时间往往是几年。例如削平土岗、填沟补洼、大型落地等。

粗平的土地面积最广，范围较大，其包括取高垫低、合并地块、改地埝（田埂）等多项内容，以此完成平整土地的基础。

细平是在粗平的基础上对土地进行精细的平整。细平的方法包括插花锹、耕地与擦地平整、上水平、对条田的平整等，方法比较多样。在建设高标准园田化农田中，细平是一个基础工程。

第七章 土地整理规划设计实践

（四）按平整的方式分类

土地平整方案根据平整的方式可以分为结合耕作平整、大平大整、放淤平整和机械平整。

（1）结合耕作平整。对高低相差不大的条田，主要结合深耕、深翻和用土等进行平整。在翻地时，应有计划地移高填低，逐步达到平整。结合耕作平整根据不同的情况可采取不同的方法。

（2）大平大整。在不同的地形中，大平大整的方式也存在一定的差异，其主要原理与全面平整和平面法平整相似。

（3）放淤平整。这种平整方案在引黄灌区比较适用，这是因为，引黄灌区中的湖坑、洼地较多，在采用放淤改土治碱时，不但可以淤高地面，还可平整土地。如图7-2和图7-3所示，分别为条田式放淤示意图和格田式放淤示意图。

（4）机械平整。主要用机械对田块实施平整。

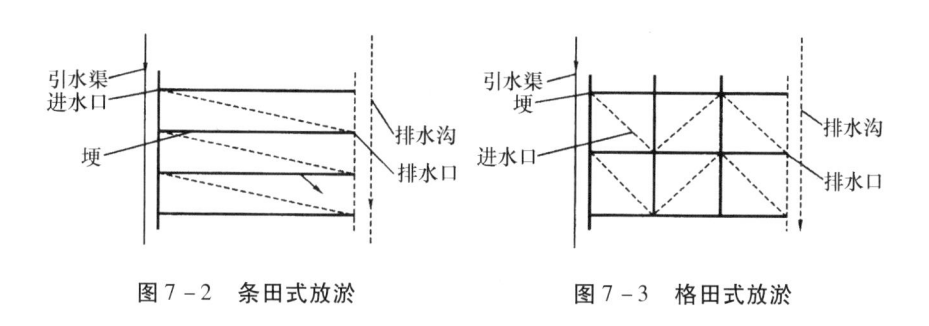

图 7-2 条田式放淤　　　图 7-3 格田式放淤

四　不同类型地区的土地平整规划方法

（一）平原地区水稻格田规划

在我国南方的大多数平原地区，水稻是主要的农作物。相对于其他农作物来说，水稻喜湿，其生理代谢和生长发育都与水密切相关，需水量较大。因此，水稻田的灌溉方式为淹灌法，并且在水稻生长期间田间应保持一定深度的水层。基于这种情况，在进行田块规划时必须对田间灌溉的要求进行重点考虑。在一般情况下，要将种植水稻的田块进一步规划成面积较小的格田，这样可以便于进行精细的土地平整，进而满足稻田灌溉排水和田间作业的要求。①

在水稻格田的规划过程中，土地经过平整后其田内部高度差应在3cm以内。格田之间以田埂为界，埂宽通常为10—20cm，埂高以40cm为宜。一般格田长度保持在60—120m、宽度保持在20—40m较为恰当。如若在机械化程度较高的地区，格田长度和宽度则可以适当长些，通常长度为100—200m、宽度为50m左右、面积为0.5—1hm²时较为合适；如若地形起伏较大，且以人力、畜力作业为主的地区，则格田规模与长度和宽度就应该小些。

（二）沟洫畦田和台田规划

土地的产出率受多方面因素的影响，其中土地盐碱化就是一个非常重要的因素。我国盐碱地主要分布在内陆干旱与半干旱地区、东部半干旱与半湿润地区以及滨海地区，总面积约有2000万hm²，其中耕地约占1/3。如若在这些地区进行土地开发整理，盐碱地的整治就是一个主要目标。因此，在进行土地平整工程规划时，除盐治土应是一个须重点考虑的方面。

沟洫畦田和台田规划在低洼易涝和盐碱化严重的地区应用较多。这两种规划方法都是通过在田块四周开挖沟洫，用挖出的泥土修筑田埂、垫高田面、形成设计田块。但不同的是，沟洫畦田的田面不垫土或者垫土不多，而台田田面则垫土较高，挖沟也较深。沟洫畦田又称为大地畦田，在旱涝交叉的平原洼地上游地区应用较多，但不宜在雨量多且盐碱化严重的地区采用。如若土地的盐碱化程度比较高，则应考虑将田块规划平整成台田形式，这样可以尽量抬高田面以降低地下水位，同时起到排涝的效果。

在规划沟洫畦田时，排水系统的布置也是一个需要重点考虑的方面。应根据上一级排水沟的间距大小来确定田块的长度，通常在300m左右较为合适；田块宽度则依末级固定排水沟的间距来确定，通常为50—100m。具体可根据地下水与项目区土壤质地等条件来

---

① 参见蒋一军、于海英等《土地整理中生态环境影响评价的理论探讨》，《中国软科学》2004年第10期。

确定。①

规划台田时，如果项目区降水量较大，则应考虑排涝洗盐。因此，在规划过程中应尽可能地将田面抬高。在一般情况下，田面平整高程应该比常年涝水位高 0.2m 左右。如果土质比较轻，则台田边坡可以缓些；土质比较黏则可以陡些。通常在田块周围挖沟取土以垫高田面。对于沟深和沟宽，则可根据地下水位和项目区降水情况决定，同时应与毛沟、支沟、干沟等组成排水系统，确保排水通畅。

（三）丘陵山区梯田规划

在山区和丘陵地区的坡耕地上，修筑梯田是进行田块规划建设的主要形式，这是因为修筑梯田可以更好地搞好水土保持工作。梯田主要分为坡式梯田和水平梯田。坡式梯田的田面顺原有坡面倾斜，保水保土的效果相对较差，因而其主要适用于缓坡及劳动力不足的地区。水平梯田的田面则基本水平或者向内倾斜，具有较好的水土保持效果。在山区进行土地整理，发展农业生产，应以修筑水平梯田为主。

1. 梯田断面的基本要素

梯田断面要素包括地面坡度、埂坎高度、埂坎坡度、田面净宽、埂坎占地、田面毛宽和田面斜宽等。

（1）田面宽度

在进行梯田平整时，如果田块过宽，则工程量较大，工程难度高；如果田块过窄，则又不能适应耕作和灌溉的要求。因此，对于梯田的田块宽度应综合考虑工程量、土地利用率以及灌溉、耕作制度等方面再进行确定，找出最好的经济宽度。梯田田面宽度的主要受地面坡度、土层厚度、种植作物的种类、劳动力和机械化程度等因素的影响。例如，在坡度缓、土层厚的地区，宽度要大些；在坡度陡、土层薄的地区，宽度要小些；在种植农作物的地区，宽度要大些，在种植果树的地区，宽度要小些；采用人力畜力耕作的田块要比采用农机具耕作的田块的宽度窄些等。综合实际情况考虑，梯田田块宽度一般不

---

① 参见蒋一军、于海英等《土地整理中生态环境影响评价的理论探讨》，《中国软科学》2004 年第 10 期。

小于3m。

(2) 田坎坡度

田坎的稳定性以及坡地的利用率与田坎的坡度有着紧密的联系。在通常情况下，依据田坎的高度和土壤情况来确定田坎的坡度。田坎坡度的稳定性通常用田坎外坡的稳定安全系数（K）表示。K 主要由土壤的凝聚力和内摩擦角决定，在一般情况下，K 的取值在 1.2—1.5 之间。通常，土壤黏性越大，田坎坡度越陡；反之则缓些。土壤压实程度越好，田坎坡度越陡；反之则缓些。土壤含水越少，田坎坡度越陡；反之则缓些。田坎高度越小，田坎坡度越陡；反之则缓些。

(3) 其他要素

梯田田块其他断面要素可以根据各要素的相互关系确定。

2. 梯田规划

在规划梯田时，首先应从总体上对梯田建设区进行部署。在通常情况下，如果是在宽阔的缓坡地区，则以道路或者灌排渠系为骨架布设梯田耕作区，道路应与等高线平行或正交，尽可能与渠沟结合并纵横交织成棋盘状，将耕作区规划成方形、矩形或梯形。通常耕作区的长度为 100—200m，面积以 5—6hm^2 为宜。山丘陡坡区通常以同坡向的坡面为单元或者以侵蚀沟的沟缘线来划分耕作区。耕作区的具体形状应根据地势的不同而有所区别。沿侵蚀沟沟缘线规划耕作区的，道路应该沿沟边布设；以同一坡面为单元规划耕作区的，当坡度大于 8° 时，道路应该绕山坡呈"S"形布设。

第二节 标准田块设计

一 标准田块

标准田块设计应能使整理后的田块有利于作物的生长发育，有利于田间机械作业和水土保持，同时还能满足灌溉排水要求和防风要求，便于经营管理。

（一）田块方向

在进行耕作田块方向的设置时，应尽可能使耕作田块长边方向受光照时间最长、受光热量最大，因此，田块的长边方向以选南北向为宜。在水蚀区，耕作田块的方向宜与等高线平行；在风蚀区，耕作田块的方向应与当地主害风向垂直或与主害风向垂直线的交角小于30°。

（二）田块长度

田块长度的确定应综合考虑耕作机械工作效率、田块平整度、灌溉均匀程度以及排水畅通度等因素。田块边长通常在500—800m之间，具体长度可根据当地的自然条件来确定。

（三）田块宽度

田块宽度的确定应综合考虑田块面积、机械作业要求、灌溉排水以及防止风害等方面的要求和地形地貌的限制。田块要求宽度可参考以下数据：

机械作业要求宽度为200—300m，灌溉排水要求宽度为100—300m，防止风害要求宽度为200—300m。

（四）田块形状

田块的形状应规整，长边与短边交角以直角或接近直角为好，形状选择依次为长方形、正方形、梯形、其他形状，长宽比以不小于4∶1为宜。

二 田块内部规划

田块内部规划是指根据地形、地貌、气候等自然特征及土壤质量要求对耕作田块进行进一步的规划设计。

（一）平原地区

水稻田宜采用格田形式。格田设计必须保证灌排畅通，灌排调控方便，并满足水稻作物不同生育阶段对水分的需求。格田田面的高度差应在±3cm范围内，长度以60—120m为宜，宽度以20—40m为宜。格田之间以田埂为界，埂高以40cm为宜，埂顶宽以10—20cm为宜。旱地田面坡度应限在1∶500以内。

（二）滨海滩涂区

滨海滩涂区耕作田块设计应注意降低地下水位，洗盐排涝，改良土壤，改善生态环境。在对滨海滩涂区进行开发利用时，可采用挖沟垒田、培土整地的方法。

以降低地下水位为主的农田和以洗盐除碱为主的滩涂田块的田面宽以30—50m为宜，长以300—400m为宜。

（三）丘陵山区

丘陵山区以修筑梯田为主。根据地形、地面坡度、土层厚度的不同，将其修筑成水平梯田、隔坡梯田、坡式梯田等。具体规划要求如下：

（1）梯田规格及埂坎形态应根据地形、地面坡度、机耕条件、土壤的性质和干旱程度来确定，要做到因地制宜。梯田应尽量集中并考虑防冲措施。

（2）梯田田面长应沿等高线布设，梯田形状呈长条形或带形。如果自然条件允许，梯田田面长度一般不小于100m，以150—200m为宜。

（3）田面宽度应考虑灌溉和机耕作业要求。陡坡区田面宽度通常为5—15m，缓坡区通常为20—40m。

第三节　排灌电力工程设计

通常，在土地整理项目中，其所涉及的电力工程都不超过10kV，这些电力工程除了供给农村生活用电之外，主要是给项目区农业供电。由于10kV的供电线路在电力运输过程中的损耗较小，同时又与负荷时经变压器变成用电负荷所需电压接近，因此在远距离供电中运用较多。以下主要结合土地整理项目工程的需要来对供配电设计方法进行介绍。

一　供配电设计的任务与程序

供配电设计的目的在于为终端用电系统制定出具体的供、配电方案。通常，供用电系统的设计水平年可取今后5—10年中的某一年。设计的内容主要包括电力系统负荷计算和功率的平衡，电源点和配电位置的确定，电力线路的选择，设备的选择及安全保护装置的设计等。

一般情况下，供配电设计程序是由收集资料→确定供配电的一般技术要求→调查分析供配电范围内的用电设备数量、容量、分布及运行方式→负荷计算→配电变压器选择和设计→配电线路设计计算工程量（设备材料）。

为确保电力设计的安全性和保证率，进行相关材料的收集是进行供配电设计之前首先需要做的。通常要有供电区域的平面图，用电设备数量、容量、位置的初步意见，电力部门对用户功率因数的要求、对供电方式的要求、计量要求和电费的收取方法及地区的气象、地质资料等，这些资料的用途如表7-1所示。由于土地整理项目的电力线路设计用途比较单一、明确，因而能够比较准确地确定用电对象数量和规模。

表7-1　　　　　　　　资料收集及其用途

资料内容	用途
最高年平均温度	选变压器
最热月平均最高温度	选室外裸导线及母线
最热月平均温度	选室内导线及母线
1年中连续3次的最热日昼夜平均温度	选空气中电缆
土壤中0.7—1m深处1年中最热月份平均温度	选地下电缆
最热月平均水温	选半导体元件等
年雷电小时数和雷电日数	防雷装置
土壤冻结深度	地下装置

二　供配电设计的一般要求

（一）供配电系统设计原则

在进行供配电系统的接线方案时，应在满足负荷要求的情况下选择最经济合理的电源系统接线方案，同时，在设计时需考虑一些相关因素，如电源电压的选择、变压器的容量与台数的确定、进线方向等。在设计中一般应遵循以下原则。

（1）安全要求。

（2）导线电缆截面的选择应符合允许载流量和允许电压降的要求。6kV以上线路且固定敷设年最大负荷利用在3000h以上的线路，其导线电缆的截面应先按经济电流密度选择电缆并应以短路热稳定进行校验。

（3）要进行技术经济比较，择优选择。

（二）供电电压的确定

供电电压的确定主要考虑负荷大小、供电距离以及地区电网可能供电的电源电压等因素，最后再综合确定。如表7-2所示，为线路电压等级与输送容量及输送距离的关系。

表7-2　　　　**线路电压等级与输送容量及输送距离的关系**

线路额定电压/kW	输送容量/MW	输送距离/km
0.38	<0.1	<0.6
3	0.1—1	1—3
6	0.1—1.2	4—15
10	0.2—2	6—20

（三）配电方式

根据接线系统，可以将配电方式分为无备用系统的接线和有备用系统的接线。其中，无备用系统的接线又分为直接连接的干线式和串联型干线式，有备用系统的接线分为双回路放射式、双回路干线式、环式和两端供电式。

其中无备用系统具有接线简单、运行方便、易于发现故障的优点，其缺点是供电可靠性差，因此，在三级负荷和部分次要的二级负荷供电中运用较多。在土地整理项目中，电力配载主要用于农田灌排，可以选择这种接线方式。

(四) 低压配电系统接地方式选择

在我国，对于 380V/220V 的低压配电系统，中性点直接接地的运行方式运用较多，引出中性线 N 和保护线 PE。

三 负荷计算

通过负荷计算，可以为导线、变压器及配电设备的选择提供依据。当前，最常用的负荷计算的方法有需用系数法、利用系数法和二项式法。以下主要对需用系数法和利用系数法进行介绍。

(一) 设备容量的确定

在用电设备的铭牌上，我们都可以找到其额定功率 P。需要注意的是，对于用电设备的总功率，我们不能简单地将各用电设备的额定功率相加，而应将它们换算为统一工作制下的额定功率。设备容量即为统一工作制下的额定功率。

1. 三相电动机

(1) 长期工作制（连续运转 2h 以上）：

$$P_e = P_N$$

(2) 短时工作制（连续运转时间为 10min—2h）：

$$P_e = P_N$$

(3) 反复短时工作制（运转时为反复周期地工作，每周期内的通电时间不超过 10min）时，P_e 为暂载率（负荷持续率）为 25% 时的额定功率。如果电动机铭牌上的额定功率不是 25% 时的暂载率，则按下式换算：

$$P_e = P_N \sqrt{\frac{\varepsilon_N}{\varepsilon}}$$

式中　ε_N——为与铭牌上的额定功率相对应的暂载率（计算中用小数）；

ε——换算的暂载率（即 25%）。

2. 单相负荷计算

(1) 单项设备接于相电压时的等效三相设备容量：

$$P_e = 3P_{e \cdot m\varphi}$$

式中　P_e——等效三相设备容量；

　　　$P_{e\cdot m\varphi}$——最大负荷相所接的单项设备容量。

（2）单项设备接于同一线电压时的等效三相设备容量：

$$P_e = \sqrt{3}P_{e\cdot 1}$$

式中　$P_{e\cdot 1}$——接于同一线电压时的单相设备容量。

（二）需用系数法计算负荷

1. 单台用电设备的计算负荷

（1）有功计算负荷

$$P_{ca} = K_{dl}P_e$$

式中　P_{ca}——有功计算负荷；

　　　K_{dl}——单台用电设备的需用系数。

$$K_{dl} = \frac{K_1}{\eta\eta w_1}$$

$$K_1 = \frac{P}{P_e}$$

式中　K_1——负荷系数；

　　　P——用电设备的实际负荷；

　　　η——用电设备实际负荷时的效率；

　　　ηw_1——线路的效率，一般为 0.9—0.95。

（2）无功计算负荷：

$$Q_{ca} = P_{ca}\tan\varphi$$

式中　Q_{ca}——无功计算负荷；

　　　φ——用电设备功率因数角。

2. 用电设备组的计算负荷

（1）有功计算负荷：

$$P_{ca} = K_d\sum P_e$$

式中　K_d——用电设备的需用系数，如表 7-3 所示；

　　　$\sum P_e$——用电设备组的设备容量之和。

表7-3　　　　　农村用电需用系数与最大负荷利用小时数参考值

项目	最大负荷利用小时数/h	需用系数
灌溉用电	750—1000	0.6—0.75
水田	1000—1500	0.7—0.8
旱田及园艺作物	500—1000	0.5—0.7
排涝用电	300—500	0.8—0.9
农村生活用电	1800—2000	0.8—0.9
农村综合用电	2000—3500	0.2—0.45

（2）无功计算负荷：

$$Q_{ca} = P_{ca}\tan\varphi_{wm}$$

式中　φ_{wm}——用电设备组的加权平均功率因数角。

（3）视在计算负荷：

$$S_{ca} = \sqrt{P_{ca}^2 + Q_{ca}^2}$$

即 $S_{ca} = P/\cos\varphi_{wm}$

式中　S_{ca}——视在计算负荷；

　　　$\cos\varphi_{wm}$——用电设备组的加权平均功率因数。

（三）利用系数法计算负荷

1. 用电设备组在最大负荷班内的平均负荷

有功功率：

$$P_{av} = K_c P_e$$

无功功率：

$$Q_{av} = P_{av}\tan\varphi$$

式中　K_c——用电设备组在最大负荷班内的利用系数；

　　　$\tan\varphi$——用电设备组的功率因数角的正切值。

2. 平均利用系数

平均利用系数 $K_{c \cdot av}$ 为：

$$K_{c \cdot av} = \frac{\sum P_{av}}{\sum P_e}$$

式中 $\sum P_{av}$——各用电设备组平均负荷的有功功率之和，kW；

$\sum P_e$——各用电设备组的设备功率之和。

3. 用电设备有效台数

用电设备有效台数 n_e 为：

$$n_e = \frac{(\sum P_e)^2}{P_{1e}^2}$$

式中 P_{1e}——单个用电设备的设备功率，kW。

4. 计算负荷及计算电流

有功功率：

$$P_{ca} = K_{max} \sum P_{av}$$

无功功率：

$$Q_{ca} = K_{max} \sum Q_{av}$$

视在功率：

$$S_{ca} = \sqrt{P_{ca}^2 + Q_{ca}^2}$$

计算电流：

$$I_{ca} = \frac{S_{ca}}{\sqrt{3} U_N}$$

式中 U_N——额定电压；

K_{max}——最大系数（可根据有效台数和平均利用系数查得）。

（四）尖峰电流计算

1. 单台设备

单台设备的尖峰电流就是其启动电流，可按下式计算：

$$I_{pk} = I_{st} = K_{st} I_N$$

式中 I_{pk}——尖峰电流；

I_{st}——用电设备的启动电流；

K_{st}——用电设备的启动电流倍数（鼠笼电动机 5—7，绕线型电动机 2—3，直流电动机 1.5—2）；

I_N——用电设备的额定电流。

2. 多台用电设备

多台用电设备的尖峰电流就是其启动电流,可按下式计算:

$$I_{pk} = K_\Sigma \sum_{i=1}^{n-1} I_{Ni} + I_{stmax}$$

或

$$I_{pk} = I_{ca} + (I_{st} + I_N)_{max}$$

式中 I_{stmax},$(I_{st}+I_N)_{max}$——分别为用电设备中启动电流与额定电流之差为最大的那台设备的启动电流及其启动电流与额定电流之差;

$\sum_{i=1}^{n-1} I_{Ni}$——将启动电流与额定电流之差为最大的那台设备除外的其他 $n-1$ 台设备的额定电流之和;

K_Σ——$n-1$ 台设备的同时系数(按台数多少选取,一般为 0.7—1,台数少取大,反之则取小);

I_{ca}——全部设备投入运行时线路的计算电流。

3. 自启动的电动机组

对于自启动的电动机组,尖峰电流为所有参与自启动的电动机的启动电流之和。对于配备辅助设备(如水泵自耦减压启动器等)的,可根据设备的参数确定启动电流。

四 配电线路

(一) 形式选择

配电线路分为架空线路、电缆线路及架空绝缘线路等形式。在这些不同形式的配电线路中,架空线路应用最为普遍。在架空线路中,由于其导线和避雷线长期在旷野、山区运行,经常受到风、雨等外荷作用,气温的剧烈变化以及化学气体等侵蚀,因此,对其线路的导电性能、机械强度以及耐腐蚀性要求较高。通常,架空线路的导线采用钢芯铝绞线,腐蚀地区选用防腐型钢芯铝绞线,避雷线一般选用镀锌钢线。

(二) 导线截面选择

在配电线路中,选择正确的导线截面非常重要,这是因为,如果所选导线的截面过大，则会增加线路投资；如果所选导线截面过小，则会使运行导线的电压和电能损耗增大，电能传输质量和运行经济性变差。

通常，在选择导线截面时，按经济电流密度初步选择，用发热条件进行校验。对于较长的输电线路，需要按电压损失条件校验。

1. 按经济电流密度选择导线截面

$$S_{ec} = I_{1 \cdot max}/J_{ec}$$

式中　S_{ec}——导线的经济截面，mm^2；

$I_{1 \cdot max}$——导线所在回路的最大负荷电流，A；

J_{ec}——经济电流密度，如表 7-4 所示，A/mm^2。

表 7-4　　　　　　　　　　经济电流密度

导线材料（mm^2）		t_{max}/h 1000—3000	3000—5000	5000 以上
裸导线	铜	3	2.25	1.75
	铝（钢芯铝线）	1.65	1.15	0.9
	钢	0.45	0.4	0.35
铜芯纸绝缘电缆、橡皮绝缘电缆		2.5	2.25	2
铝芯电缆		1.92	1.73	1.54

注：t_{max}是由负荷性质确定的年最大负荷利用小时数。

2. 按发热条件校验导线截面

$$KI_N \geq I_{1 \cdot max}$$

式中　I_N——导线额定电流，载流量可参考表 7-5，A；

$I_{1 \cdot max}$——导线所在回路的最大负荷电流，A；

K——综合修正系数。

表 7-5　　　　　　　　　　钢芯铝绞线的载流量　　　　　　　　　单位：A

导线型号	最高允许温度/℃ +70	+80	导线型号	最高允许温度/℃ +70	+80
LGJ-10		86	LGJQ-150	450	455
LGJ-16	105	108	LGJQ-185	505	518

续表

导线型号 最高允许温度/℃	+70	+80	导线型号 最高允许温度/℃	+70	+80
LGJ-25	130	138	LGJQ-240	605	651
LGJ-35	175	183	LGJQ-300	690	708
LGJ-50	210	215	LGJQ-300（1）		721
LGJ-70	265	260	LGJQ-400	825	836
LGJ-95	330	352	LGJQ-400（1）		857
LGJ-95（1）		317	LGJQ-500	945	932
LGJ-120	380	401	LGJQ-600	1 050	1 047
LGJ-120（1）		351	LGJQ-700	1 220	1 159
LGJ-150	445	452	LGJJ-150	450	468
LGJ-185	510	531	LGJJ-185	515	539
LGJ-240	610	613	LGJJ-240	610	639
LGJ-300	690	755	LGJJ-300	705	758
LGJ-400	835	840	LGJJ-400	850	881

注：LGJ 表示钢芯铝绞线，LGJJ 表示轻型钢芯铝绞线，LGJQ 表示加强型钢芯铝绞线。最高允许温度 +70℃ 的载流量，基准环境温度为 +25℃，无日照；最高允许温度 +80℃ 的载流量，基准环境温度为 +25℃，日照 0.1w/cm。风速 0.5m/s，海拔 1000m，辐射散热系数及吸热系数为 0.5。

3. 按机械强度校验导线截面

对于非特殊要求的中低压配电线路，其导线一般采用钢芯铝线和铝绞线。各种规格导线的抗拉强度均有技术规范，一般要符合导线最小截面要求。

配电线路导线截面选择要符合表 7-6 的规定。

表 7-6　　　　　　　　导线最小允许截面和直径

导线种类	高压配电线路/mm² 居民区	高压配电线路/mm² 非居民区	低压配电线路
铝绞线及铝合金线	35	25	16mm²
钢芯铝线	25	16	16mm²
铜线	16	16	直径 3.2mm

(三) 避雷线截面的选择

选择架空线路避雷线应与导线截面相配合。通常，避雷线的截面不小于 $25mm^2$，可参考表 7-7 选择。

表 7-7　　　　　　　　　　避雷线和导线配合表

避雷线型号	GJ-25	GJ-35	GJ-50	GJ-70
导线型号	LGJ-35	LGJ-95	LGJ-240	LGJ-400
	LGJ-50	LGJ-120	LGJ-300	LGJQ-500
	LGJ-70	LGJ—150	LGJQ-240	
		LGJ-185	LGJQ-300	
		LGJQ-150	LGJQ-400	
		IGJQ-185		

(四) 电力电缆

在土地整理项目中，电缆的应用虽然还并不广泛，但其在机井建设及管道灌溉（自动控制）等工程上的应用效果比较多。

1. 电缆型号选择

电缆型号选择包括以下几种。

（1）导体材料。电缆导体材料有铜芯或铝芯，一般电缆选用铝芯。

（2）绝缘种类。油浸纸绝缘电缆具有优良的性能，几乎在所有的场合中都可以应用；交联聚乙烯绝缘电缆是新发展的材料，其相对于油浸纸绝缘电缆来说，具有很多优点，因此常用于 6—10kV 电缆；乙丙橡胶电缆适合在水下使用。

中低压常用电力电缆品种及型号如表 7-8 所示，可供选择时参考。

表7-8　　　　　　　　部分电力电缆的品种和型号

绝缘类型	电缆名称	电压等级/kV	最高长期工作温度/℃	代表产品型号
油浸纸绝缘电缆	1 普通黏性油浸电缆	1—35	1—3kV 80	
	统包型		6kV 65	ZLL，ZL，ZLQ，ZQ
	分相铝（铅）包型		10kV 60	ZLLF，ZI，QF，ZQF
	2 不滴流电缆	1—35	20—35kV 50	
			1—6kV 80	
	统包型		10kV 70	ZLQD，ZQD，ZLLDF
	分相铝（铅）包型		20—35kV 65	ZQDF，ZQCY
塑料绝缘电缆	聚氯乙烯电缆	1—6	70	VLVl，VVl
	聚乙烯电缆	6—220	70	YLVl，YVl
	交联聚乙烯电缆	6—220	90	YJLV1，YJVl
橡胶绝缘电缆	乙丙绝缘电缆	1—110	80—85	XLF，XLV，XV，XF，XLV29，XLQ2，XV29，XQ2
	丁基橡胶电缆	1—35	80	

2. 选择要求

选择要求包括：

（1）一般情况下，电力电缆采用铝芯，但在电流大或震动剧烈的场合用铜芯。

（2）直埋地下的电缆一般采用有外被层的铠装电缆。

（3）在可能发生位移的土壤中直埋电缆时，应采用钢丝铠装电缆或采取其他措施，如预留电缆长度等。

（4）在有化学腐蚀的土壤中尽量不采取直埋方式。

（5）电缆敷设在较大高差的场所时，宜采用全塑电缆、不滴油电缆或干绝缘电缆。

（6）35kV及以下三相制网络应尽量采用三相芯式电缆。

3. 截面选择

通常，对于长输电线路，根据经济电流密度来选择电缆截面，按长期发热条件和电压损失以及短路热稳定进行校验；对于短输电线路，按长期发热选择和短路热稳定校验。

（五）架空绝缘线路

在配电线路中，架空绝缘线路具有较好的发展前途，其通常适用于：

（1）适用于多金属灰尘及多污染的区域。在老工业区，由于环保达不到标准，经常有金属加工企业的金属灰尘随风扩散；火力发电厂、化工厂也会造成空气污染。这些区域中的架空配电线路会发生短路、接地故障。采用架空绝缘导线，是防止10kV配电线路短路接地的较好措施。

（2）适用于盐雾地区。盐雾对裸导线腐蚀相当严重，使之抗拉强度大大降低，遇到刮风下雨天气，容易引发导线断裂，造成线路短路接地事故，缩短线路使用寿命。采用有一层绝缘层保护的架空绝缘导线，能较好地防盐雾腐蚀，减少盐雾对导线腐蚀，延缓线路的老化，延长线路的使用寿命。

（3）适用于雷电较多的区域。在雷区采用裸导线架设的线路，线路绝缘普遍，叠降较快，经常出现爆裂接地事故。架空绝缘导线由于有一层绝缘保护，可降低线路引雷，即使有雷电，影响也会小得多，换上架空绝缘导线后，可缩短接地故障的停电时间。

（4）适用于旧城区改造。由于架空绝缘导线可承受电压15kV，绝缘导线与建筑物的最小垂直距离为1m、水平距离为0.75m。因此，将10kV架空绝缘导线代替低压导线，直接接入负荷中心。

（5）有利于防台风。架空裸导线线路的抗台风能力较差，台风一到，线路跳闸此起彼伏。采用架空绝缘导线后，导线瞬间相碰不会造成短路，减少了故障，大大提高线路的抗台风能力。

架空绝缘配电线路的技术要求包括：

（1）导线应符合GB/T 12527和GB/T 14049的规定，最小截面积应符合表7-9的规定。

表 7-9　　　　　　　　　　绝缘导线最小截面积　　　　　　　单位：mm²

导线种类	中压配电线路		低压配电线路	
	主干线	分干线	主干线	分干线
铝或铝合金绝缘线	150	50	95	35
铜芯绝缘线	120	25	70	16

（2）采用三相四线制的低压配电绝缘线路的最小零线截面积应符合表 7-10 的要求。单相制的零线截面积与相线相同。

表 7-10　　三相四线制低压绝缘配电线路的最小零线截面积　　单位：mm²

导线种类	相线截面积	最小零线截面积
铝或铝合金绝缘线	50 及以下	与相线截面相同
	70	50
	95 及以上	不小于相线截面的 50%
铜芯绝缘线	35 及以下	与相线截面相同
	50	35
	70 及以上	不小于相线截面的 50%

（3）同杆架设的中低压绝缘线路横担之间的最小垂直距离和导线支撑点的最小水平距离应符合表 7-11 的要求。

表 7-11　　横担之间的最小垂直距离和导线支撑点的最小水平距离　　单位：m

类别	垂直距离	水平距离
中压与中压	0.5	0.5
中压与低压	1	—
低压与低压	0.3	0.3

（4）绝缘线路与行道树之间的最小距离应符合表 7-12 的要求。

表7-12　　　　　绝缘线路与行道树之间的最小距离　　　　　单位：m

最大弧垂情况下的垂直距离		最大风偏情况下的水平距离	
中压	低压	中压	低压
0.8	0.2	1.0	0.5

第四节　道路工程设计

一　道路分类

根据道路特点与田间作业需要对各级道路布置形式进行的规划即为道路系统规划。通过道路规划能有效地促进田间劳作的组织，提高劳动力生产率。田间道路可根据服务面积与功能的不同划分为干道、支道、田间道和生产路四种类型。

干道是乡镇与乡镇联系的道路，其主要用于汽车通行。在整个项目区道路网中，干道属于骨干路，其联系着农村居民点和各乡镇，承担着项目区的主要客货运输任务。

支道一般指村庄与村庄之间联系的道路。支道是村庄对外联系的通道，承担着运进农业生产资料、运出农产品的重任。

田间道是指联系村庄与田块，为货物运输、作业机械向田间转移及为机器加水、加油等生产服务的道路。

生产路是指联系田块、通往田间的道路。其主要用作田间货物运输，为人工田间作业和收获农产品服务。

二　道路规划的原则

（一）因地制宜，讲求实效

道路规划所受的影响因素较多，如地形地势、地质、水文等自然条件与土地用途、耕作方式等。在不同的地区，道路系统规划的内容与重点也存在一定的差异。例如，在重丘山区，高程变化大，应充分利用地形展线，形成沿河线、越岭线、山脊线、山谷线，以减少工程量、降低费用,重点是合理确定走向;在平原微丘地区,地形平缓、坡度变化不大,道路设计要力求短而直,应特别注意地面的排水设计,以保证路基的稳定性;在人多地少的南方地区,机械化程度较低,土地利用集约度高,应尽量减少占地面积,应与渠道、防护林结合布局;在人少地广的北方地区,道路规划应充分考虑机械化作业的要求,纵坡不宜过大,路宽要合理,路基要达到一定的稳固性[①]。

(二) 有利生产,节约成本

在进行道路规划时,应充分考虑到居民点、生产经营中心与各轮作区、轮作田区或田块之间的位置,力求使它们之间保持便捷的交通联系。在具体规划中,要求线路尽可能笔直且保持往返路程最短,道路面积与路网密度达到合理的水平,确保人力、畜力或者农机具能够方便地到达每一个耕作田块,促进田间生产作业效率的提高。同时,道路系统的配置应该充分考虑建设与占地成本,力求节约,在确定合理道路面积与密度的情况下尽量少占耕地,尽量避免或者减少道路跨越渠沟等,最大限度地减少桥涵等交叉工程的投资。

(三) 综合兼顾

在项目区内,干道、支道、田间道、生产路共同构成了项目区的道路系统,它们之间是相互作用、相互依赖的关系。同时,整个道路系统又隶属于由道路、田块、防护林、灌排系统等构成的项目区土地利用系统。因此,对道路规划必须要综合考虑当地的地貌特征、人文特征等方面的因素,力求使项目区内的各级道路构成一个层次分明、功能有别、运行高效的系统,减少或避免迂回运输、对流运输、过远运输等不合理现象。对农村道路的规划要从项目区农业大系统的高度来进行,这是因为其主要是为农业生产服务的。田间道、生产路则要服从田块规划,要与渠道、排水沟、防护林的布局结合起来,不能为了片面追求道路的短与直而破坏田块的规整。[②]

[①] 蒋一军、于海英等:《土地整理中生态环境影响评价的理论探讨》,《中国软科学》2004年第10期。

[②] 同上。

（四）远近结合

人们的生产生活都离不开道路系统，随着科技的发展、社会的进步，人们对道路的功能也有了更高的要求，道路的等级档次也在不断地提升。因此，在规划道路系统时应具有一定的前瞻性，要为道路今后的发展留出空间。例如，随着城市化的加快，农业人口也会相应减少，农业生产逐渐转变为机械化大生产，因此，对当前还使用人力、畜力的地区在进行道路规划时，就应该考虑到这一长远需要。

三 道路规划的主要内容

（一）干、支道规划

在土地整理项目区中，干、支道是主要运输线路，其担负着村庄与外部联系的重要角色，承载着项目区内外大量的运输任务。因此，无论是对项目区的整体布局还是项目区今后的发展，干、支道都有着非常重要的影响。同时，干、支道对其他基本建设项目的布局也起着牵制作用。在许多情况下，国有公路可以作为农村干、支道使用。通常而言，农村干、支道相当于国家四级公路。因此，对干、支道进行规划时应当充分考虑村镇规划。当前，在国家投资的土地开发整理项目中，对干、支道的规划有所忽视，但需要引起重视的是，干、支道作为道路系统的重要组成部分，尤其是大范围的以田、水、路、林、村综合整治为内容的土地整理项目中，应统一对干、支道进行规划。

（二）田间道规划

在人们的日常农业生产中，田间道充当着重要的角色，分为主要田间道和横向田间道。田间道除了用于运输外，其还起着田间作业供应线的作用。在通常情况下，田间道应能通行农业机械，路宽约为3—4m。在南方丘陵区，小型农机运用较多，对此可酌情减少路宽。

主要田间道是由农村居民点到各耕作田区的道路。其一般服务于一个或几个耕作田区。因此，在条件允许的情况下，主要田间道应尽量结合干、支道布置，在其旁设偏道或直接利用干、支道。若需另行配置时，应尽量设计成直线，使其尽可能为多个田区服务。当同其他田间道相交时，应采用正交方式，以方便畜力车转弯。

横向田间道亦可称为下地拖拉机道，其主要用于供拖拉机等农机直接下地作业之用，在布置横向田间道时，通常沿田块的短边布设。在旱作地区，横向田间道也可布设在作业区的中间，沿田块的长边布设，这样可便于拖拉机从两边均可进入工作小区，以减少空行。在有渠系的地区，要结合渠系布置。通常可采取以下几种方案。

1. 横向田间道布置在斗沟靠农田一侧

采用这种布置形式时，可充分利用挖排水斗沟的土方填筑路基。在这种情况下，拖拉机组可以直接下地作业，同时还能给道路的发展留有余地。但需要注意的是，斗渠和斗沟之间应种植数行树木。此外，横向田间道如要穿越农沟，则需在农沟与斗沟连接处埋设涵管或修建桥梁、涵洞等建筑物。所埋设的涵管应有足够大的口径，以便排水顺利，避免田块在雨季时积水受淹。同时，为避免道路被淹，必须在路旁修筑良好的截水路沟。如果居民点靠斗沟一侧，可采用上述形式进行布置，如图7-4所示。

2. 横向田间道布置在斗渠与斗沟之间

采用这种方式布置田间道的优点在于便于渠沟的维修管理，缺点是对田间道今后的拓展存在困难。由于拖拉机组进入田间必须跨越排水斗沟，因而需要修建桥梁。在降水较多的地区，由于排水斗沟断面较大，采用这种形式则基建投资大；在降雨量较小的北方地区，可以采用上述形式进行布置，如图7-5所示。

3. 横向田间道布置在靠近斗渠的一侧

在居民点靠近斗渠的情况下，如果采用上述两种方式进行横向田间道的布置，则会增加拖拉机组下地的空行行程，造成生产费用的增加。因此，在通常情况下，可结合斗渠布置，这样可以方便机组下地作业，但缺点是需修建涵管等建筑物，加大基建费用。此外，还要在渠路之间植两三行树或开挖路沟，以便截排渠边渗水，保证路面干燥，如图7-6所示。

图 7-4　横向田间道布置在斗沟靠农田一侧

图 7-5　横向田间道布置在斗渠与斗沟之间

图 7-6　横向田间道布置在靠近斗渠的一侧

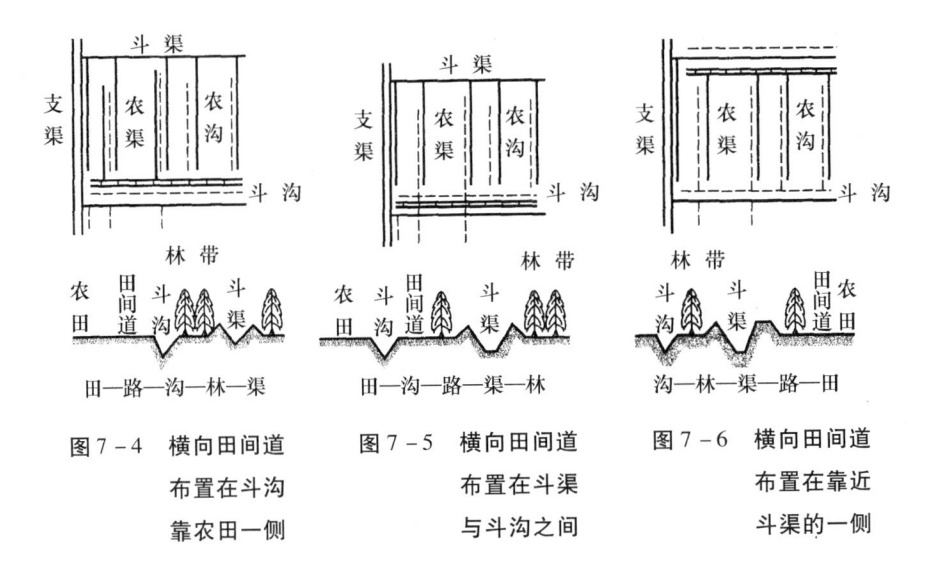

（三）生产路规划

在对生产路进行规划时，应根据生产与田间管理工作的实际需要来确定。一般情况下，生产路设在田块的长边，主要是为下地生产与田间管理工作服务。

1. 旱地生产路规划

在平原区，旱地的宽度通常在 400—600m 之间，更宽的可达 1000m。在这种情况下，可以在每个田块中设一条生产路。如果田块宽度较小，例如田块宽度在 200—300m 之间，可考虑在每两个田块间设一条生产路，以节约用地。生产路要与林带结合，充分利用林缘土地。为使道路上的雪迅速融化，让路面迅速干燥，宜将道路设在向阳易于晒暖的方向，也就是说在林带的南向、西南向和东南向。当道路和林带南北向配置时，任意一面受阳光程度大体相同，此时道路应配置在林带迎风的一面，以使路面易于干燥。

2. 灌溉区生产路规划

（1）生产路设置在农沟的外侧与田块直接相连。在这种情况下，人们无论是下地生产、管理田间，还是进行运输都会比较方便。这种规划方式通常对生长季节较长、田间管理工作较多的地区比较适用，例如以种植经济作物为主的地区。

（2）生产路设置在农渠与农沟之间。采用这种方式进行规划可以节省土地，这是因为农沟与农渠之间有一定间距。田块与农沟直接相连对地下水和地表径流的排除都非常有利，同时可以实现两面管理，各管理田块的一半，缩短了运输活动距离。在通常情况下，这种设置方式对生产季节短、一年只有一季作物且以经营谷类为主的地区比较适用。

（四）梯田道路规划

梯田田间道路的布局应根据具体地形，采取通梁联峁、沿沟走边的方法布设。

通常，田间道多设置在沟边、沟底或山峁的脊梁上，宽2m，转弯半径不小于8m。考虑到道路的纵向坡度，如果坡度大于5°，那么就需要将坡路沿S形或螺旋形修筑，这样可以降低农用机械爬坡的难度。此外，为防止流水汇集冲毁田坎，沟边的路应修成里低外高的路面，并每隔一段筑一小土埂，将流水引入梯田。

另外，生产路也应考虑到通行小型农机具的要求。如果山低坡缓，则可将路设计成斜线形；如果山高坡陡，则可将路设计成S形、"之"字形或者螺旋形迂回上山，如图7-7所示。

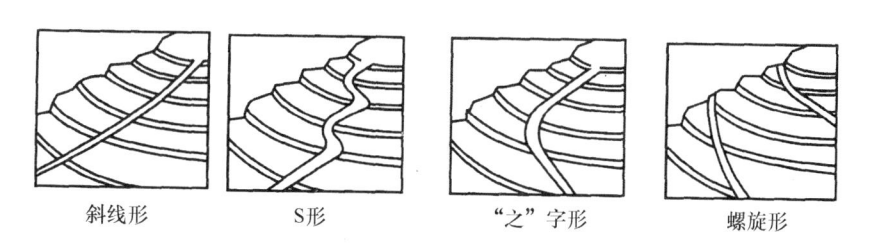

斜线形　　　S形　　　"之"字形　　　螺旋形

图7-7　梯田道路的布局形式

四　道路工程设计

在土地开发整理中，有关田间道和生产路的设置较多，田间道和生产路与农业生产作业过程直接相连，通常在土地开发整理的田块规划后进行布设。

(一) 道路的构成

1. 路基

路基是在原地面上挖或填成的一定规格的横断面。通常把堆填的路基称为路堤，把挖成的路基称为路堑。路基的宽度为行车路面与路肩宽度之和。

(1) 路基填土

在不同的环境因素以及所用土的物理力学性质下，路基的强度、抗变形能力和稳定性也存在一定的差异，此外，其也与填土高度和施工技术有关，所以要慎重选择路基填土用料。

①沙土

沙土无塑性，具有良好的透水性，遇水后毛细上升高度在 0.2—0.3m 之间，具有较大的摩擦系数。采用沙土筑路基，具有强度高、抗变形能力和水稳定性好的优点，但其缺点是黏性小，易散，在抵抗流水冲刷和风蚀方面很弱。因此，在有条件时应适当掺加一些黏性大的土，或将表面加固，以提高路基稳定性。

②沙性土

沙性土中兼有一定数量的粗颗粒和一定数量的细颗粒，因而其既具有一定的强度、水稳定性和一定的黏性，不会过于松散。沙性土是修筑路基的良好填料。

③粉性土

粉性土中粉土颗粒较多，在干燥的情况下有点黏性，但在遇水后会很快被湿透，易成稀泥，毛细作用强烈。在季节性冰冻区，水分积聚现象严重，春融期间极易翻浆和冻胀。粉性土是最差的筑路材料。

④黏性土

黏性土的黏聚力大，透水性大，干燥时坚硬，浸湿后不易干燥，强度急剧下降。黏性土的可塑性、黏结性和膨胀性较大，有着显著的毛细现象，干湿循环所引起的体积变化很大。用黏性土来修筑路基并不理想，但当给予充分压实处理并结合良好排水设施后，可作为路基材料。

⑤碎石质土

碎石质土的颗粒较粗，在含细粒成分不多时，其强度、抗变形能力和水稳定性都比较好，是修筑路基的良好材料。但在使用时要注意填方的密实度，以防止由于空隙过大而造成路基积水、不均匀沉降或表面松散。

⑥砾石、不易风化的石块

砾石、不易风化的石块具有透水性很强、水稳定性好、强度高的优点，在施工时不受季节的影响，是最好的路基填筑材料。

（2）路基压实。

在修筑路基的过程中，需经过挖、运、填等诸多工序，在这个过程中，土料原始结构被破坏，呈松散状态。因此，为增强路基的强度和稳定性，必须对路基进行碾压，使其凝实。具体可利用压实机具对土基进行压实，使三相土体中土的团块和土的颗粒重新排列，互相靠近、挤紧，使小颗粒土填充于大颗粒土的孔隙中，排除土壤中的空气，从而使土的孔隙减小，提高单位体积的质量，形成密实整体，这样内摩擦力和黏聚力大大增加，土基强度增加，稳定性提高。同时，由于筑路材料绝大部分也是松散的原材料，这些都需要在现场摊铺压实成型，使材料的密实度能满足路基的要求。因此，土基和各种路面材料层都要压实，达到规范规定的压实度。

压实的质量对土基和各种路面材料层强度和稳定性的高低有着直接影响。压实的过程中，压实的质量主要受土壤含水量、土质、压实功（压实遍数）、压实工具和压实方法等因素的影响。

土壤的含水量对路基压实的影响很大，相关实验证明，只有在最佳含水量时，压实到最大干密度的土体在遇水饱和后其密实度和强度下降的幅度最小，稳定性最好。一般塑性土的最佳含水量（按轻型击实标准）大致相当于该种土液限含水量的 0.58—0.62 倍，平均为 0.6 倍。

土质也是影响路基压实效果的一大因素，在通常情况下，不同的土类有不同的最佳含水量及最大干密度。分散性较高（液限含水量值较高）的土的最佳含水量值较高，而最大干密度值较低。这是因为土颗粒越细，比表面积越大，颗粒表面的水膜越多，从而黏土中含有亲水性较高的胶体物质所致。对沙土来说，其颗粒粗且呈松散状态，难以留住水分，因此，最佳含水量的概念对它没有实际的意义。

除含水量之外，压实功也是影响路基压实效果的一大因素。对同一种土来说，压实功越高，土的干密度也越大，而对应的土的最佳含水量越小。在相同含水量条件下，压实功越高，土的密实度越大。但要注意的是，施工中通过增加压实功来提高土基密实度的方法的作用并不是无穷的，其也有一定的限度，也就是说当压实功增加到一定程度后，土的密度并不随压实功的增加而显著提高，并且这种方法也不经济。因此，在具体的施工过程中，要严格要求，使土的含水量达到最佳含水量，以便更经济，同时也达到要求的压实密度。

对于同一种土，使用不同的压实工具，其所取得的效果也不一样。夯击式机具作用深度最大，振动式次之，静力碾压式最浅。随压实工具的不同，分层压实时的土层厚度也不同。通常，用80—120kN光面压路机时，松土厚不宜超过0.3m；用3—10kN夯板时，松土厚不宜超过0.65m。

2. 路面

路面是指铺筑在道路路基上供车辆行驶的结构层，其具有承受车辆重量、抵抗车辆磨损和保持道路表面平整的功能。

（1）路面结构

铺筑在路基顶面上的路面结构是用各种材料分层铺筑而成的。根据所处层位和作用的不同，路面结构层主要分为面层、基层、垫层等。

①面层

面层是直接承受自然条件影响和行车作用的层次。其应该具有足够抵抗行车垂直力、水平力及冲击力作用的能力和良好的水、温稳定性，应耐磨不透水，同时表面应有良好的抗滑性和平整度。根据不同的需要，可将面层分成2层或3层，修筑面层的材料主要有水泥混凝土、沥青与矿料组成的混合料、沙砾或碎石掺土（不掺土）的混合料、块石及混凝土预制块等，如果对路面的要求不高，也可以直接采用素土夯实。

②基层

基层位于面层之下，其主要承受由面层传来的车轮荷载垂直压力，并把它向下面层次扩散分布的层。设置基层可减小面层的厚度，因而对基层的抗压强度和扩散应力的能力和水稳性要求较高。在修筑基层时，通常采用碎石、天然沙砾、石灰、水泥或沥青处置的土，石灰、水泥或沥青处置的碎石，各种工业废渣及其与土、沙、石所组成的混合料，以及水泥混凝土等材料。此外，如果项目区对基层的要求不高，则也可采用素土夯实。

③垫层

垫层主要用来调节和改善水与温度的状况，其是设置在基层与土基之间的层。它一方面可减轻土基不均匀冻胀，隔断地下毛细水上升，排蓄基层或土基中多余的水分；另一方面还能阻止路基土挤入基层中，以保证路面结构的稳定性，并减小土基的应力和变形。在修筑垫层时，通常采用两种类型的材料，一种是由整体性材料组成，如石灰土、炉渣石灰土类修筑的稳定性垫层；另一种由松散颗粒材料组成，如沙、砾石、炉渣、片石、锥形块石等修成的透水性垫层。

（2）路面材料

路面按材料和施工方法可以分为碎（砾）石类、结合料稳定类、沥青类、水泥混凝土类和块料类。基于目前土地开发整理项目道路系统尚不需要建设高级路面，以下按常规道路路面材料对其进行介绍。

①碎（砾）石类

用碎（砾）石按嵌挤原理或最佳级配原理铺筑而成的路面，通常用作面层、基层。

②结合料稳定类

掺加各种结合料，使各种土、碎（砾）石混合料或工业废渣的工程性质改善，成为具有高强度和稳定性的材料，以此铺压而成的路面，通常用于基层、垫层。

③沥青类

在矿质材料中，以各种方式掺入沥青材料修筑而成的路面，通常可作面层或基层。

④水泥混凝土类

以水泥与水合成水泥浆为结合料，碎（砾）石为骨料，沙为填充料，经拌和、摊铺、振捣和养护而成的路面。通常作面层，也可用于基层。

⑤块料类

用整齐、半整齐块石或预制混凝土块铺砌，并用沙嵌缝后碾压而成的路面。通常用于面层。

3. 路肩、路沟和边坡

路肩是道路两边没有铺筑路面的部分。路肩主要是用来保护路面结构的稳定，供发生故障的车辆临时停车，进行养护操作等。对于土地整理项目道路系统，在满足路肩功能最低需要的前提下，应尽量采取较窄的路肩。对于田间道和生产路，通常采用土路肩，宽度控制在 0.5—1m 的范围内。

路沟为道路两边的排水沟。路沟主要用来排除由边坡及路面汇集的地表水，确保路基与边坡的稳定。路沟的形式主要有梯形、三角形两类。一般渗透性良好的土壤可以用梯形或三角形路沟；渗透性不良的土壤宜采用梯形路沟；排水量小的边沟可采用三角形路沟，反之采用梯形路沟；机械化施工时通常采用三角形路沟。路沟的边坡内侧一般规定为 1∶1—1∶1.5，通常路沟的底宽与深度不应低于 0.4m。

边坡是路基的一个重要组成部分。它的陡缓程度对路基的稳定和路基土石方的工程量有着直接的影响。对于土地整理项目所涉及的田间道和生产路，参照一般土质的稳定性确定边坡即可。

（二）道路纵断面设计

道路纵断面图反映了道路中线原地面的起伏情况以及路线设计的纵坡情况。纵断面设计是根据自然地理条件、气候状况、车的动力特性以及道路等级情况拟定的道路竖向起伏变化的空间曲线。纵断图上主要反映两条线：一是地面线，它是根据道路中线上各桩的高程点绘成的一条不规则折线，反映了原地面的起伏变化情况；二是设计线，它是经过技术研究后确定出来的一条具有规则形状的几何线形，反映了道路路线的起伏变化情况（见图7-8）。

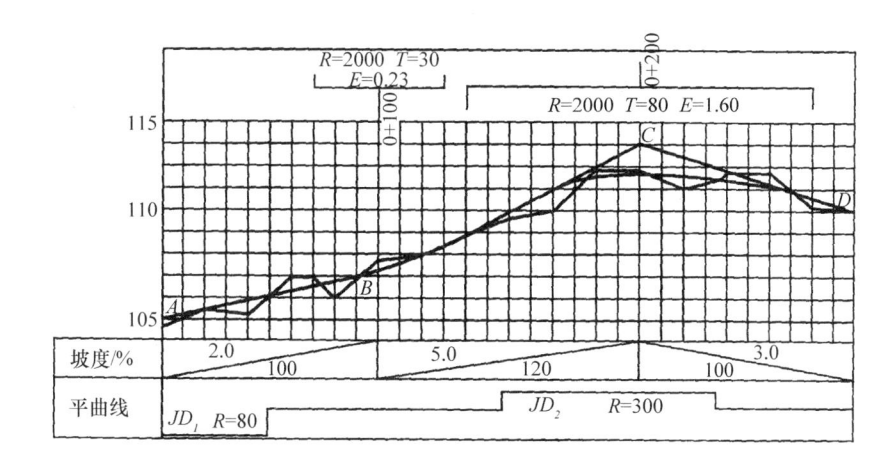

图7-8　某道路的纵断面设计

第八章 土地整理的评价

土地整理是一个系统工程，其涉及资源环境、社会经济和政策制度，因而对其效果的评价是一个必要和重要的问题。本章主要结合我国土地整理的现状，并结合了一些具体的实例构建了土地整理评价指标体系，以期为土地整理实践提供些许借鉴。

第一节 土地整理评价的内涵

土地是人类赖以生存和发展的根本，土地资源的可持续利用关乎国计民生，最大限度地提高土地利用率，不断增强土地的供给能力是摆在我们面前的重要任务。土地整理旨在缓解人地矛盾，协调人地关系，实现土地资源的可持续利用。它对于提高耕地质量，实现耕地总量动态平衡，促进经济结构调整，改善生态环境等有着重要作用。土地整理项目作为一项利国利民、符合可持续发展战略的工程，在社会、经济快速发展的今天得到各方面越来越多的重视。随着土地整理工作的开展，如何在土地整理工作中取得良好的效益，从而促进土地整理工作的可持续发展，成为当前土地整理工作中需要进行深入研究的重要问题。因此，科学的评价土地整理效益，达成我国土地资源的合理配置，实现土地整理工作中的科学决策具有积极重要的理论和实践价值。

一 土地整理的评价及土地整理效益评价内涵

土地整理的评价是科学进行土地整理的必要保证，其在本质上是发现问题，反馈信息，并及时修正土地整理规划方案和决策的活动。土地整理所产生的效益是一个效益综合体，其一般包括经济效益、社会效益和生态效益。土地整理的评价是指在土地整理项目实施后，为评估项目所带来的真实效益、指导未来项目的开展，对项目实施所带来的直接或间接的结果进行分析和评价的活动，是对土地整理预期目标实现以及项目实施效果所做出的分析。通过土地整理综合效益评价，客观评价项目实施的过程和效果，反映土地整理项目的合理性，并且依据信息反馈，还能及时调整项目规划方案和决策，从而使土地整理更加科学，推动土地整理事业不断向前发展。

二　土地整理综合效益评价指标选取原则

（一）代表性原则

评价指标关键在于在评价过程中所起的作用，并能很好地反映研究对象某方面的特性。指标体系作为一个有机整体，应该涵盖评价目的的基本内容，全面系统地反映和度量土地整理经济效益、社会效益和生态效益状况，具有极好的覆盖性。

（二）科学性原则

科学性原则是指进行效益评价时，采用的方法应科学合理，主要体现在对所收集到的数据的处理上、评价指标体系的构建上、评价等级的确定等方面。

（三）公正性原则

公正性原则是指一切都以客观事实为准绳，土地整理效益的评价的过程、结果不受外部因素的干扰。不仅要提出所存在的问题，还要深入探讨问题产生的原因。此外，还应正确对待项目的成功和失败。

（四）定性与定量相结合原则

土地整理综合效益评价过程中必然存在部分指标是定性的，比如社会效益和生态效益的部分指标可能难以用定量手段来衡量，但为了全面反映土地整理情况，选取指标时应将这部分定性指标和定量指标相结合，反映土地整理的综合效益。

第二节　土地整理评价指标体系的构建及其应用

鉴于土地整理工作中存在的诸多问题，有必要建立一个系统、科学的土地整理效益评价指标体系和土地整理耕地质量评价指标体系，以便更为科学地开展土地整理工作。

一　土地整理效益评价指标体系构建及其应用

在土地整理项目的可行性研究中，效益分析评价具有非常重要的作用，有利于对投资项目的取舍和择优选择。当前，在我国的土地整理项目效益分析中，对经济效益分析极为看重，而对社会效益和生态效益的分析则有所忽视，因而这种效益分析状况是不符合投资效益分析原则和国家进行土地整理所提出的三效益协调原则的。如果在没有客观准确的评价指标体系和综合判断模型的情况下进行效益评价，那么也必然会使生态效益和社会效益缺乏定量的评价指标，若仅仅采用定性分析，则必然不会具有太大的可比性。

对此，以下以安徽省合肥市肥西县官亭镇土地整理项目为例，来探讨建立土地整理效益分析评价指标，并应用层次分析法（AHP）来探讨土地整理效益分析的技术方法，以期对土地整理工作起到借鉴作用。[1]

（一）建立评价指标及模型

1. 土地整理效益分析指标选取原则

（1）综合效益最大化原则

土地整理效益包括综合效益和单项效益、整体设计效益和局部设计效益、直接效益和间接效益、近期效益和远期效益等。土地整理的目的在于增加耕地数量和质量以及使生态管护得到协调统一，因此，

---

[1] 李晶：《土地整理经济效益评价研究——以北京市房山区土地整理为例》，《资源·产业》2003 年第 5 期。

在进行土地整理的过程中,除了要注重经济效益之外,还要兼顾社会效益和生态效益。

(2) 可比性原则

可比性原则是指确立的指标要具有明确的含义,一致的计算口径以及统一的核算方法,以此达到静态和动态具有可比性。不同地区之间具有可比性,同一地区在不同的时期也具有可比性,以保证比较结果的合理性和科学性。

(3) 定性与定量相结合原则

在进行指标选取时,应当定性与定量相互结合,并且尽可能采用定量指标。

(4) 可操作性原则

指标体系应该具有很强的可操作性,对此,在具体的指标选取中,要尽可能选用现有的统计数据和易于收集的资料,而对那些难以统计和收集的数据则应暂时舍弃,进而降低收集数据的难度。

(5) 可参考性原则

通过效益分析,来预测拟建项目的经济效果,对整个项目进行综合评价,判断其在生产上的可行性、技术上的先进性、经济的有利性以及社会和生态的有益性等,进而为项目的开发建设决策提供科学依据。

(6) 完全性原则

完全性原则是指所建立的因子体系应能全面反映土地整理的各方面特性,要克服重定量因子轻定性因子、重直接影响轻间接影响、重近期效果轻远期效果的倾向。

(7) 非相容原则

非相容原则是指完全相同或一个同另一个因子间只差一个常系数的因子中只选取一个。[1]

2. 构建土地整理综合效益评价的指标体系

在考虑土地整理综合效益评价指标时,应考虑经济效益、社会效益以及生态效益。其中经济效益是对土地进行资金、劳动力、技术等

---

[1] 刘友兆、王永斌:《土地整理与农村生态环境》,《农村生态环境》2001年第3期。

的投入所获得的效益，其表现为土地整理后产量增加、投入产出率提高等；社会效益指对社会环境系统的影响和产生的宏观社会效应，也就是土地整理为实现农村经济发展、缩小城乡差别等所作贡献与影响的程度；生态效益则是土地整理对区域内的水资源、土壤、植被、生物等产生诸多直接或间接、有利或有害的影响，要求土地整理工作必须在保护和改善生态环境的前提下进行，以保护生态环境。[1][2]

在整个指标体系中，各种指标之间的关系错综复杂，并且各层次以及层次内部各指标的重要性也不相同，因此，建立一个三层次的土地整理综合效益评价指标体系，使各种指标的相互联系有序化，使层次与层次之间、层次内部各指标之间的相对重要性给予定量表示。这一三层次的评价体系由目标层 A、准则层 B 和方案层 C 构成，其中土地整理综合效益为目标层，经济效益、社会效益和生态效益为准则层，各单项指标为方案层，其层次结构如图 8-1 所示。[3]

3. 确定土地整理综合效益评价指标权重

在采用层次分析法（AHP）确定指标权重时，首先应向有代表性的专家咨询，将所列的指标两两之间进行比较，区分出各自的重要程度，再逐层进行判断评分并构造判断矩阵，然后利用方根法求得最大特征根对应的特征向量，得到单项指标对总目标的重要性权值，并对其一致性进行验证。

4. 量化土地整理综合效益评价指标

为保证土地整理的成果准确而科学，必须要对土地整理综合效益评价指标进行合理的量化，通过考虑各评价指标的数量和质量，并结合专家打分法和数学方法，采用各指标独立评分，使原始有量纲的数据转化为可进行运算的分值。将区域各指标的平均值作为基数，当项目区的指标值高于区域平均值40%时为最优，将其定为100分；高于区域平均值30%为优，定为90—99分；高于区域平均值20%为良

---

[1] 鹿心社：《论中国土地整理的总体方略》，《农业工程学报》2002 年第 1 期。
[2] 王炜、杨晓东、曾辉：《土地整理综合效益评价指标与方法》，《农业工程学报》2005 年第 10 期。
[3] 陈薇：《土地整理理论与实践研究》，硕士学位论文，安徽农业大学，2006 年。

第八章 土地整理的评价

图 8-1 土地整理综合效益评价指标体系

经济效益 B₁：C₁ 单位投资新增耕地面积、C₂ 预期投资利润率、C₃ 单位土地面积产值增加、C₄ 单位土地面积投入产出、C₅ 复种指数

社会效益 B₂：C₆ 新增耕地率、C₇ 人均主要农产品占有量、C₈ 就业效果、C₉ 土地产权保护状况、C₁₀ 基础设施状况、C₁₁ 人均耕地占有量、C₁₂ 土地经营状况

生态效益 B₃：C₁₃ 水源灌溉保证率、C₁₄ 土地垦殖率、C₁₅ 抗旱涝灾害率、C₁₆ 水土流失治理程度、C₁₇ 生物多样性状况

好，定为80—89分；高于区域平均值10%为一般，定为70—79分；位于区域平均值或上下浮动10%为合格，定为60—69分；指标值再低时，定为0—60分。

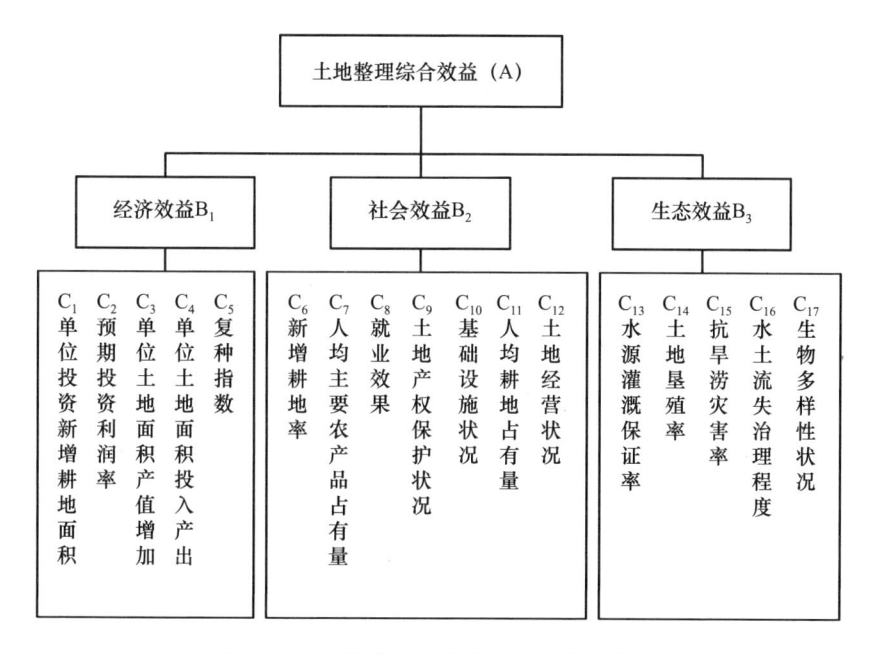

5. 评价土地整理综合效益

将土地整理综合效益评价指标体系、各指标的权重及分值确定后，计算土地整理综合效益评价的模型为：

$$P = C_1 W_1 + C_2 W_2 + \cdots + C_n W_n = \sum_{i=1}^{n} C_i W_i (i = 1, 2, 3, \cdots, n)$$

式中　P——综合效益评价值；

　　　C_i——第 i 个指标分值；

　　　W_i——权重值；

　　　n——评价指标的个数。

在确定土地整理综合效益评价指标时，应依据实际情况以及多次专家咨询和问卷调查结果，使指标更具有实际意义。对土地整理综合效益进行评价时，应结合专家打分法和数学方法，采用各指标独立评

分，使原始量纲不同的数据转化为可进行比较和运算的分值，使其具有实用性，并利用层次分析法确定各评价指标的权重，使评价结果更趋于合理。

(二) 实证研究——官亭镇土地整理项目综合效益评价

对官亭镇土地整理的综合效益进行评价，可以按照上述土地整理综合效益评价方法，首先构建评价指标体系，然后确定综合效益评价指标权重，分析该区土地整理综合效益状况，如图8-1所示。[①]

1. 项目区土地整理综合效益评价指标权重计算

(1) 构建判断矩阵

分析每2个指标相对重要性的比重而得出比较矩阵，若两两判断矩阵设为 $A = (a_{ij})_{n \times n}$，其中 $a_{ij} = 1/a_{ii}$ ($i \neq j$, $i, j = 1, 2, \cdots, n$)；$a_{ij} = 1$ ($i = j$)。判断矩阵中的标度值依据T. L. Saaty提出的1—9比较标度法得到，i, j指标进行重要程度比较时，2个指标同样重要，标度值为1，稍重要为3，明显重要为5，很重要为7，绝对重要为9，相邻判断的中间值为2，4，6，8。再根据专家综合意见，通过每2个指标比较评分得出指标间相对重要性比较判断矩阵。

土地整理综合效益相对重要性判断矩阵：

$$A = \begin{bmatrix} 1 & 3 & 3 \\ 1/3 & 1 & 1 \\ 1/3 & 1 & 1 \end{bmatrix}$$

土地整理经济效益相对重要性判断矩阵：

$$B_1 = \begin{bmatrix} 1 & 5 & 3 & 5 & 7 \\ 1/5 & 1 & 1/3 & 1 & 3 \\ 1/3 & 3 & 1 & 3 & 5 \\ 1/5 & 1 & 1/3 & 1 & 3 \\ 1/7 & 1/3 & 1/5 & 1/3 & 1 \end{bmatrix}$$

---

① 陈薇：《土地整理理论与实践研究》，硕士学位论文，安徽农业大学，2006年。

土地整理社会效益相对重要性判断矩阵：

$$B_2 = \begin{bmatrix} 1 & 3 & 7 & 5 & 3 & 1 & 5 \\ 1/3 & 1 & 5 & 3 & 1 & 1/3 & 3 \\ 1/7 & 1/5 & 1 & 1/3 & 1/5 & 1/7 & 1/3 \\ 1/5 & 1/3 & 3 & 1 & 1/3 & 1/5 & 1 \\ 1/3 & 1 & 5 & 3 & 1 & 1/3 & 3 \\ 1 & 3 & 7 & 5 & 3 & 1 & 5 \\ 1/5 & 1/3 & 3 & 1 & 1/3 & 1/5 & 1 \end{bmatrix}$$

土地整理生态效益相对重要性判断矩阵：

$$B_3 = \begin{bmatrix} 1 & 5 & 3 & 5 & 7 \\ 1/5 & 1 & 1/3 & 1 & 3 \\ 1/3 & 3 & 1 & 3 & 5 \\ 1/5 & 1 & 1/3 & 1 & 3 \\ 1/7 & 1/3 & 1/5 & 1/3 & 1 \end{bmatrix}$$

（2）单层次权重计算和一致性检验

利用方根法求解 A 的特征向量，并通过一致性检验验证判断矩阵的满意程度，当其满足一致性检验时，所求特征向量就是各指标的权重。首先计算方根向量：

$$\overline{W}_i = \sqrt[n]{M_i} \quad (i = 1, 2, 3, \cdots, n)$$

其中 $M_i = \prod_{j=1}^{n} a_{ij}(i,j = 1,2,\cdots,n)$；$\overline{W}_i$ 为 M_i 的 n 次方根，对方根向量正规化处理，即得权重向量：

$$W_i = \frac{\overline{W}_i}{\sum_{i=1}^{n} \overline{W}_i} \quad (i = 1, 2, 3, \cdots, n)$$

然后计算两两判断矩阵的最大特征根 $\lambda_{\max}$：

$$\lambda_{\max} = \sum_{i=1}^{n} \frac{\sum_{j=1}^{n} a_{ij} W_j}{n W_i} \quad (i, j = 1, 2, 3, \cdots, n)$$

其随机一致性比率为：$CR = CI/RI$，若 $CR < 0.1$，则认为判断矩阵满足一致性要求。否则，需要重新调整判断矩阵，直到满足要求为止。

式中 CI 两两判断矩阵的一致性指标，$CI = \dfrac{|\lambda_{\max} - n|}{n-1}$；$RI$ 为判断矩阵的平均随机一致性指标，可根据 n 查取。

根据上述方法，分别计算各判断矩阵的特征向量，然后对其进行正规化处理，得出单层次权重向量分别为：

$W = [0.600000, 0.200000, 0.200000]$

$W_1 = [0.501066, 0.103769, 0.246083, 0.103769, 0.045312]$

$W_2 = [0.298618, 0.131285, 0.027598, 0.056298, 0.131285, 0.298618, 0.056298]$

$W_3 = [0.501066, 0.103769, 0.246083, 0.103769, 0.045312]$

判别矩阵 $\lambda_{\max}$ 的最大特征根分别为 3，5.126366，7.182797，5.126366。判别矩阵一致性指标 CI 分别为：0，0.0315915，0.030466，0.0315915；随机一致性比率全部小于 0.1，通过一致性检验。

（3）综合权重计算

根据上述计算所得 B 层次中单层次权重和 C 层次中单层次权重，得出综合效益评价指标的综合权重，计算结果如表 8-1 所示。[①]

表 8-1　　　　　　　土地整理综合效益评价指标权重

层次 B 层次 C	B_1 0.600000	B_2 0.200000	B_3 0.200000	综合权重 W_i
C_1	0.501066	—	—	0.30064
C_2	0.103769	—	—	0.062261
C_3	0.246083	—	—	0.14765
C_4	0.103769	—	—	0.062261

---

① 陈薇：《土地整理理论与实践研究》，硕士学位论文，安徽农业大学，2006 年。

第八章　土地整理的评价

续表

层次 B / 层次 C	B_1 / 0.600000	B_2 / 0.200000	B_3 / 0.200000	综合权重 W_i
C_5	0.045313	—	—	0.027188
C_6	—	0.298618	—	0.059724
C_7	—	0.131285	—	0.026257
C_8	—	0.027598	—	0.00552
C_9	—	0.056298	—	0.01126
C_{10}	—	0.131285	—	0.026257
C_{11}	—	0.298618	—	0.059724
C_{12}	—	0.056298	—	0.01126
C_{13}	—	—	0.501066	0.100213
C_{14}	—	—	0.103769	0.020754
C_{15}	—	—	0.246083	0.049217
C_{16}	—	—	0.103769	0.020754
C_{17}	—	—	0.045313	0.009063

根据官亭镇土地整理项目专家调查及统计年鉴等资料，再按照上述量化标准，得出土地整理前后单项指标的分值，再依据评价模型，计算官亭镇土地整理前后综合效益评价值，如表8-2所示。[①]

表8-2　　　　　　　土地整理综合效益评价分值

评价指标	权重值	整理前单项指标分值	整理前单项指标效益评价值	整理后单项指标分值	整理后单项指标效益评价值
C_1	0.30064	60	18.0384	80	24.0512
C_2	0.062261	50	3.11305	70	4.35827
C_3	0.14765	70	10.3355	80	11.812
C_4	0.062261	50	3.11305	70	4.35827
C_5	0.027188	60	1.63128	80	2.17504

---

① 陈薇：《土地整理理论与实践研究》，硕士学位论文，安徽农业大学，2006年。

续表

评价指标	权重值	整理前单项指标分值	整理前单项指标效益评价值	整理后单项指标分值	整理后单项指标效益评价值
C_6	0.059724	60	3.58344	85	5.07654
C_7	0.026257	60	1.57542	75	1.969275
C_8	0.00552	70	0.03864	60	0.3312
C_9	0.01126	60	0.6756	75	0.8445
C_{10}	0.026257	50	1.31285	80	2.10056
C_{11}	0.059724	60	3.58344	90	5.37516
C_{12}	0.01126	50	0.563	70	0.7882
C_{13}	0.100213	60	6.01278	85	8.518105
C_{14}	0.020754	50	1.0377	80	1.66032
C_{15}	0.049217	60	2.95302	75	3.691275
C_{16}	0.020754	60	1.24524	70	1.45278
C_{17}	0.009063	60	0.54378	70	0.63441
综合效益评价值			59.70395		79.19711

从表8-2可以看出，官亭镇土地整理前后综合效益评价值分别为59.70395和79.19711，在经过土地整理后，其综合效益增加的幅度较大，因而取得了较好的效果。图8-2为土地整理前后各单项指标效益评价值，通过前后对比可知，在经过土地整理后，官亭镇土地整理各单项指标效益评价值普遍比土地整理前要高，其中，经济效益评价指标（C_1—C_5）的提高幅度较大，社会效益评价指标（C_6—C_{12}）也较土地整理前有所提高，生态效益评价指标（C_{13}—C_{17}）中，水源灌溉保证率和抗旱涝灾害率提高显著，其他指标提高比较小。通过分析可知，官亭镇土地整理后综合效益的提高主要体现在经济效益上，而社会效益和部分生态效益指标则提高得比较小。因此，在今后的土地整理活动中，应加强社会效益和生态效益的提高，只有这样才能进一步提高该镇土地整理的综合效益。[1]

---

[1] 陈薇：《土地整理理论与实践研究》，硕士学位论文，安徽农业大学，2006年。

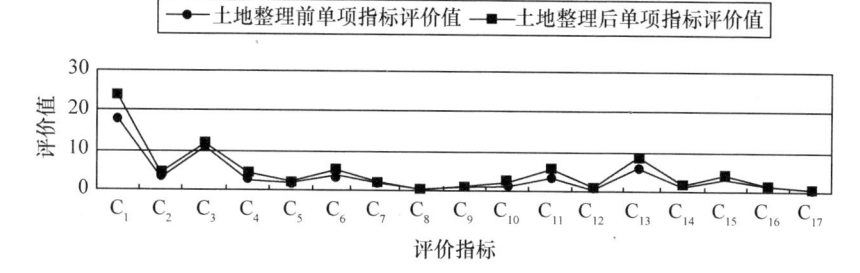

图 8-2　土地整理前后单项指标效益评价值比较

2. 结论

土地整理的经济效益、社会效益和生态效益是土地整理综合效益评价中的重要内容，在此，为了对土地整理的综合效益进行有效的衡量，采用定量分析方法，并结合专家调查，构建判断矩阵，利用层次分析法确定权重，进行一致性检验，计算土地整理的综合效益。从对土地整理前后综合效益的比较可知综合效益提高的程度和各单项指标的效益变化程度，从而可以有针对性地对其进行改进。总而言之，土地整理综合效益评价的研究能够有效地对土地整理的效果进行衡量，从而保证土地整理的数量和质量得到稳步地提高，进而促进土地整理的经济效益、社会效益和生态效益协调发展。

二　土地整理耕地质量评价指标体系构建及其在耕地占补平衡中的应用

耕地质量评价的研究一直受到国内外社会的关注，我国耕地评价研究具有悠久的历史，《尚书》《管子》《周礼》以及《齐民要术》均记载了有关土地评价的内容，我国农地评价研究和应用等进入较快发展阶段是在改革开放后。

早期的国内外土地评价目的、服务对象较为单一，更加侧重于耕地自然质量评价，评价方法主要是定性评价。[①] 国际关于土地评价学

---

① 胡业翠、郑新奇、徐劲原：《中国土地整治新增耕地面积的区域差异》，《农业工程学报》2012 年第 5 期。

术成果交流的"破冰"缘于"土地评价纲要",它从土地的适宜性角度出发,能够对比评价全球耕地质量,受其影响,1983年国内土地资源分类系统的制定使我国土地研究从荒地调查进入了土地分类与评价研究,并为农用土地的分等定级奠定了基础。20世纪80年代后,随着计算机技术的应用发展,国际耕地评价逐渐向综合化、精确化、半定量化方向发展,评价因子综合考虑影响土地质量的社会经济因素,我国土地质量评价研究也从全国大范围逐步过渡到中小范围、从定性评价开始转向定性与定量相结合的综合评价。20世纪90年代开始,从可持续发展战略出发,土地评价研究开始向土地资源的可持续利用及其评价探索发展。我国耕地质量评价工作也趋向系统化。

现今的耕地质量评价研究在数据更新、评价精确化、耕地评价动态化、评价定量化、评价指标复合化等方面都有很大进展,针对不同实践目的,耕地质量评价指标体系和方法也有区别。[1] 因此,国内学者也开始注重对土地整理前后的耕地质量评价进行研究,相关研究文献主要集中在近几年的成果中,研究主要涵盖概念界定与理论基础、耕地质量变化驱动因素、耕地质量监测评价指标体系构建、耕地质量评价模型构建及其方法与应用等内容。孙凯以三大土地整理项目工程为例,系统分析土地整治对于耕地质量的影响,构建土地整理耕地质量评价指标体系,进行了湖北省襄阳市土地整理前后的耕地质量评价研究;赵道本[2]采用新的土地利用系数测算方法,以福建省长泰县为例对项目区土地整理前后的耕地质量进行对比研究;徐康等[3]试图利用农用地分等方法对耕地质量进行评估,在农用地分等框架基础上增加自然质量与生产条件修正因素;童陆亿等[4]以湖北省团风县基本农

---

[1] 付国珍、摆万奇:《耕地质量评价研究进展及发展趋势》,《资源科学》2015年第4期。

[2] 赵道本:《土地整理项目区耕地质量评价研究》,硕士学位论文,福建农林大学,2015年。

[3] 徐康、金晓斌、吴定国:《基于农用地分等修正的土地整治项目耕地质量评价》,《农业工程学报》2015年第6期。

[4] 童陆亿、胡守庚、杨剩富:《土地整治区耕地质量重估方法研究》,《中国土地科学》2015年第3期。

田土地整理项目为例，提出了基于重估结果的耕地质量等别的快速更新方法；匡丽花等[1]在耕地质量等别年度更新的调查数据基础上，对土地利用因素进行了修正，并使用多元回归分析方法分析显著影响因素；罗睿等[2]以贵州省遵义市绥阳县万亩土地整理项目为例，修正整治前耕地自然质量分时所选取的指标，在测算土地整治后影响系数的基础上求出耕地利用等指数，得出土地整治前后耕地质量利用等别变化。

从国内土地整理耕地质量评价研究趋势来看，第一，土地整理耕地质量评价体系研究在选取参评指标时，从只侧重于单一的自然质量评价，越来越多地趋向于考虑土地整理工程影响偏大的评价因素，工程指标是针对土地整理耕地质量评价指标体系中不可或缺的部分[3]；第二，很多学者选取气候、地形、土壤状况等因素对不同状况的项目区进行土地整理耕地质量监测评价指标体系及方法研究，评价指标的选取趋向本地化。

（一）土地整理耕地质量评价指标及方法

1. 耕地质量评价指标

耕地质量评价选取了土壤质地、有机质、有效土层、剖面构型、障碍层深度、pH 值、地形坡度、灌溉条件、排水条件和土壤污染 10 个指标。

2. 土地整理前耕地质量评价方法

调查耕地的土壤质地、有机质、有效土层、土体构型、障碍层深度、pH 值、坡度级别、灌溉条件、排水条件、土壤污染状况的属性值，再根据指定作物规则库确定各属性作用分值并计算自然质量分，查光温生产潜力，计算产量比系数、利用系数、经济系数、轮作比系

---

[1] 匡丽花、叶英聪、赵小敏：《基于农用地分等修正的土地整治项目对耕地质量的影响》，《农业工程学报》2016 年第 32 期。

[2] 罗睿、何腾兵、李博：《土地整治前后耕地质量的等级评价：以凤冈为例》，《贵州农业科学》2016 年第 8 期。

[3] 韦俊敏、胡宝清：《土地整治项目综合监测指标体系研究》，《广西师范学院学报》2016 年第 7 期。

数，再按下列公式计算耕地质量等指数：

$$G_i = \sum \{a_{ij}[(\sum W_k f_{ijk})/100]\beta_j \tau_j K_{ij} K_{cj}\}$$

式中，G_i 为指定单元的耕地质量等指数；a_{ij} 为标准耕作制度所涉及的指定作物光温（气候）生产潜力指数；f_{ijk} 为标准耕作制度所涉及的指定作物所对应的分等因素作用分值；W_k 为指定作物分等因素权重；β_j 为相应指定作物产量比；τ_j 为指定作物轮作比；K_{ij} 和 K_{cj} 相应指定作物土地利用系数和经济系数；j 为相应指定作物。

3. 整理后耕地质量评价

调查整理后耕地的交通通达度、中心城镇、农贸中心、经营结构、田块大小、田间道路、耕作距离、耕作装备等因子的属性值并赋作用分值，并在此基础上计算区位修正系数和耕作便利系数。

4. 整理后耕地质量的数量标准化

按各等别耕地和标准等别耕地间的质量数量化换算关系，将整理后农用地面积转化为标准面积，以公式表示为：

$$S_{实际} = S_{实} I_n$$

式中，$S_{实际}$ 为耕地的标准面积；$S_{实}$ 为耕地实际面积；I_n 为第 n 等耕地的质量数量标准化指数；n 为耕地等别。

5. 求算整理前后耕地的标准化面积差并以此作为经济面积增加量

以公式表示为：

$$S_{增} = S_{后} - S_{前}$$

式中，$S_{增}$ 表示经济面积增加量；$S_{后}$ 表示整理后耕地标准化面积；$S_{前}$ 表示整理前的耕地标准化面积。

（二）土地整理中耕地质量评价在耕地占补平衡中的应用

当前，质量不平衡是我国耕地占补平衡的最大问题，造成这一局面的主要问题在于缺乏科学有效的占补平衡评价体系。这是因为，科学合理的评价体系是合理评价被占和补偿耕地的质量状况的前提和保证，此外，当被占耕地和补偿耕地不同质时，没有一个有效的量化手段将二者的质量差异数量化。正是由于这两个方面的原因存在，从而使得在土地整理的实践中"占多补少，占优补劣"现象的发生，造成了我国在实现耕地总量动态平衡中耕地质量严重下降问题。针对这种情况，可以应用土地整理耕地质量评价成果建立以不同质量耕地的数量换算关系为主体、以被占耕地的分等成果为基准和补偿耕地的质量评价为基础的耕地占补平衡评价体系，并运用该评价体系进行耕地占补的微观和宏观平衡评判，力求解决被占和补偿耕地的质量评价和不同质耕地的质量差异数量化问题，从技术方法上为耕地质量平衡提供支持。[1]

1. 微观平衡评价

（1）被占和补偿耕地的质量评价

①被占耕地质量

应用土地整理耕地质量评价指标体系确定被占耕地的级别。如果被占耕地区域有定级成果图，则可方便查询到被占耕地的等级。

②补偿耕地的质量评价

调查补偿耕地的交通通达度、中心城镇、农贸中心、经营结构、田块大小、田间道路、耕作距离、耕作装备等因子的属性值并赋作用分值，在此基础上计算区位修正系数和耕作便利系数。

（2）计算被占耕地与补偿耕地的质量数量换算关系

据被占耕地和补偿耕地的级别查质量数量化标准表，采用以下公式计算：

$$R = I_{占}/I_{补}$$

式中，R 为占补耕地的质量数量换算关系；$I_{占}$ 表示被占耕地质量数量化标准指数；$I_{补}$ 表示补偿耕地质量数量化标准指数。

（3）计算微观平衡指数并依据该指数评价占补是否平衡

采用以下公式计算：

$$I = S_{占}/(RS_{补})$$

式中，I 表示微观占补指数；$S_{补}$ 表示实际补偿面积；$S_{占}$ 表示实际占用面积。

若 $I > 1$，则表示占补不平衡，占多补少；若 $I = 1$，则表示占补恰

---

[1] 陈薇：《土地整理理论与实践研究》，硕士学位论文，安徽农业大学，2006年。

好平衡；若 $I<1$，则表示占补已经平衡，占少补多。

2. 宏观平衡评价

（1）区域内被占耕地与补偿耕地的质量评价

按上述方法逐一确定区域内所有被占和补偿耕地的级别。

（2）将被占耕地与所补偿耕地的面积换算为标准面积

依据被占耕地和补偿耕地的级别查质量数量化指数表，得到相应级别的质量数量化标准指数，采用以下公式计算被占与补偿耕地的标准面积：

$$S_{实际} = S_{实}I_n$$

式中，$S_{实际}$ 为耕地的标准面积；$S_{实}$ 为耕地实际面积；I_n 为第 n 等耕地的质量数量标准化指数；n 为耕地等别。

（3）计算宏观平衡指数并依据该指数评价区域占补是否平衡

以公式表示为：

$$I = S_{总占标}/S_{总补标}$$

式中，I 表示宏观占补平衡指数；$S_{总占标}$ 表示区域内占用耕地总标准面积；$S_{总补标}$ 表示区域内补偿耕地总标准面积。

若 $I>1$，则表示占补不平衡，占多补少；若 $I=1$，则表示占补恰好平衡；若 $I<1$，则表示占补已经平衡，占少补多。

参考文献

英文文献

G. W. Liebmann, "Land readjustment for America: A proposal for a statute urban", *Lawyer*, 32 (1), 2000.

G. Daily, *Nature's Service: Societal Dependence on Natural Ecosystems*, Washington DC: Island Press, 1997.

R. S. De Groot, M. A. Wilson and R. M. J. Boumans, "A Typology for The Classifieation, Description, and Valuation of Ecosystem Functions, Coods and Services", *Ecological Economics*, 41, 2002.

J. Castro Coelho, P. Aguiar Pinto, "A Systems Approach for the Estimate of the Effect of Land Consolidation Projects (LCPs): A Model and Its Application", *Agricultural Systems*, 68, 2001.

Andre Sorensen, "Conflict, Consensus or Consent: Implications of Japanese land Readjustment Practice for Developing Countries", *Habitat International*, 24, 2000.

Rafael Crecente, Carlos Alvarez, "Urbano Fra. Economic, Social and Environmental Impact of Land Consolidation in Galicia", *Land Use Policy*, 19, 2002.

中文文献

胡振琪：《土地整理概论》，中国农业出版社2007年版。

付梅臣：《土地整理与复垦》，地质出版社 2007 年版。

高向军：《土地整理理论与实践》，地质出版社 2003 年版。

毕宝德：《土地经济学》，中国人民大学出版社 2006 年版。

严金明、钟金发、池国仁：《土地整理》，经济管理出版社 1998 年版。

高旺盛：《中国农业区域协调发展战略》，中国农业大学出版社 2004 年版。

郧文聚：《土地开发整理项目可行性研究与评估》，中国人事出版社 2005 年版。

鲍海君：《土地开发整理的 BOT 项目融资研究》，中国大地出版社 2007 年版。

叶艳妹、吴次芳：《可持续农地整理的理论和方法研究》，中国大地出版社 2002 年版。

国土资源部耕地保护司、国土资源部土地整理中心编：《土地整理项目管理培训讲义》，2001 年。

国土资源部耕地保护司、国土资源部土地整理中心编：《土地开发整理相关文件汇编》，中国大地出版社 2001 年版。

张正峰：《土地整理的模式与效益》，知识产权出版社 2011 年版。

徐雪林：《土地开发整理项目实施管理》，中国人事出版社 2005 年版。

曲晨晓、岳岩：《中原地区土地整理工程理论与实践》，中国农业出版社 2008 年版。

樊彦国：《土地开发整理技术及应用》，中国石油大学出版社 2007 年版。

高甲荣、齐实：《生态环境建设规划》，中国林业出版社 2006 年版。

杨庆媛：《西南地区土地整理的目标及模式》，商务印书馆 2006 年版。

赵小敏、艾亮辉：《土地整理项目设计和后评价研究》，中国农业科学技术出版社 2005 年版。

郝建新、邓娇娇：《土地整理项目管理》，天津大学出版社 2011

年版。

卢新海、谷晓坤、李睿璞编著：《土地整理》，上海复旦大学出版社2011年版。

高向军：《国家投资土地整理项目管理程序》，《中国土地》2001年第11期。

高向军：《论土地整理项目的科学管理》，《资源产业》2002年第5期。

龙花楼：《区域土地利用转型与土地整理》，《地理科学进展》2003年第2期。

吴兰田、彭补拙：《我国土地整理模式的多元化探析》，《土壤》1998年第6期。

徐建锋、袁克杰：《浅谈土地整理投标过程》，《地质技术经济管理》2002年第10期。

鲍海君、吴次芳、徐建春：《BOT：土地整理融资新模式》，《中国土地》2002年第6期。

伍黎芝、董利民：《土地整理融资模式及其比较研究》，《商业研究》2004年第24期。

丁松、罗昀等：《我国土地整理产业化发展的基本策略》，《经济地理》2004年第4期。

樊闽：《中国土地整理事业发展的回顾与展望》，《农业工程学报》2006年第10期。

罗明、张惠远：《土地整理及其生态环境影响综述》，《资源科学》2002年第2期。

杨庆媛：《土地整理目标的区域配置研究》，《中国土地科学》2003年第1期。

张正峰、陈百明：《土地整理的效益分析》，《农业工程学报》2003年第2期。

李宗尧：《农村土地整理的模式与对策研究——以山东省临沂市为例》，《农村经济》2002年第7期。

李昌友、田心元、黄旭军：《土地整理模式与运行机制初探》，《资源产业》2000 年第 6 期。

李东坡、陈定贵:《土地开发整理项目管理及其经营模式》,《中国土地科学》2001 年第 1 期。

谷晓坤:《中国土地整理模式的理论研究与实证分析》,博士学位论文,中国科学院地理科学与资源研究所,2008 年。

蒋一军、于海英等:《土地整理中生态环境影响评价的理论探讨》,《中国软科学》2004 年第 10 期。

李仁、许建斌:《创新制度规划运行——谈国家投资土地整理项目实施管理的若干问题》,《中国土地》2002 年第 2 期。

彭荣胜:《论土地整理与土地用途管制在耕地保护中的互补作用》,《中国土地科学》,2001 年第 3 期。

邵景安、刘秀华:《证券化在土地整理筹资中的运用研究》,《国土与自然资源研究》2002 年第 4 期。

魏秀菊、胡振琪等:《土地整理可能引发的生态环境问题及宏观管理对策》,《农业工程学报》2005 年增刊。

徐雪林、杨红、肖光强等:《德国巴伐利亚州土地整理与村庄革新对我国的启示》,《资源产业》2002 年第 5 期。

张正峰、赵伟:《北京市大兴区耕地整理潜力模糊评价研究》,《农业工程学报》2006 年第 2 期。

李红举、林坚、阎红梅:《基于农田景观安全格局的土地整理项目规划》,《农业工程学报》2009 年第 5 期。